PRISCUS

ANTIQUES

PRISCUS　01

辛亥百年典藏史畫

中國史畫100幅
辛亥革命現場報導

編者：徐宗懋圖文館
撰文：徐家寧
責任編輯：湯皓全
校對：呂佳眞
美術編輯：張士勇
法律顧問：全理法律事務所董安丹律師
出版者：大塊文化出版股份有限公司
台北市105南京東路四段25號11樓
www.locuspublishing.com
讀者服務專線：0800-006689
TEL：（02）87123898
FAX：（02）87123897
郵撥帳號：18955675
戶名：大塊文化出版股份有限公司
版權所有　翻印必究

總經銷：大和書報圖書股份有限公司
地址：新北市新莊區五工五路2號
TEL：（02）89902588（代表號）
FAX：（02）22901658
製版：瑞豐實業股份有限公司
初版一刷：2011年10月
全套定價：新台幣 3800元（不分售）
Printed in Taiwan

辛亥革命現場報導

World Report on Hsinhai Revolution

西洋畫刊新聞文獻選集

徐宗懋圖文館編　•　徐家寧撰文

目次

文獻賞析的新領域

徐宗懋

　　辛亥革命一百年是文史界和收藏界關注的焦點。文史界著重於著書評論，收藏界則忙於收藏辛亥革命的相關文物。我們的工作則是兼具兩者的性質，希望能挖掘重要的、但尚未受到充分認識的材料，經過適當的整理，分享於文史界和一般社會大眾，以為歷史研究和文獻賞析創造新的領域。

　　二〇〇六年起，我開始系列地收藏以中國為主題的西洋古籍和近代西洋畫刊，五年下來已形成一定的累積。尤其畫刊當年發行量大，保存量高於古籍，不斷收入，結果自然達到相當的收藏水準。作為歷史愛好者，這些西洋畫刊不僅圖文並茂、賞心悅目，也是第一手的研究材料。兩岸近代史研究學者所引用的西方史料，大部分均為西方學者的著作，而非西方的原始材料，這種研究仍然是隔了一層，依舊是間接的。

　　近代中國，西方攝影和文字記者已深入中國各地，對於中國重大歷史事件均做了詳細的圖文報導，使得西方的讀者往往比中國人更快知道中國的事情，這也是西方強大的國力投射在傳播事業的必然結果。從晚清到民初，最著名的中國歷史影像幾乎全出自西方人之手，儘管它們帶著西方的角度和眼光，但畢竟是第一手的記錄，是不可或缺的史料。至於是否客觀屬實？今天我們已具備充分的能力，旁徵博引，做出正確的判斷。

基於如此認識，過去幾年間，我運用了西洋畫刊先後在泉州閩台緣博物館以及北京今日美術館，舉辦了「中法戰爭」以及「北京城與近代中國」特展，同時出版相關書籍，逐漸將一百多年前的畫刊介紹到中國大陸來。此外，我也在幾份文史刊物推薦此極具價值的西方新聞文獻。二〇一〇年，我預感辛亥革命一百週年將屆，必然是社會的熱門話題，學術界將是百花齊放、百家爭鳴；然而，我收藏的西洋畫刊中有關辛亥革命報導的卻非常少，於是決定委託歐洲友人荷蘭籍的藍柏（Lambert van der Aalsvoort）先生，在一年時間內全力搜尋刊載辛亥革命新聞的西洋畫刊。藍柏先生不負使命，專程去了法國、德國和英國，一開始很難找，後來透過有力管道，終於取得重大突破。由二〇一一年三月到六月，我先後收到四批有關辛亥革命的西洋畫刊，主要是英文和法文

的，全部近百張，張張精采，令人愛不釋手。

我立刻請徐家寧先生為每一張畫刊寫說明，家寧以豐富的歷史知識以及洗練的文風，同時做了各種史實考證，順利完成撰文的工作。這本書收錄整理了刊登辛亥革命報導的西洋畫刊，分為「辛亥革命現場」和「晚清紀事」兩大章節，編輯方式第一章節先英文後法文，第二章節則英文和法文以時間序放在一起。我們的目的是以原寸複製畫刊原貌，提供簡短精確說明，不僅可作為一般性的賞析，更可以作為原始新聞檔案，以便研究者可以翻譯其中的報導文章，在學術上做更深入的研究。這樣的資料檔案書籍，至今這是唯一的一本。

作為中國人，我對辛亥革命懷著很深的感情，因此願意竭盡所能，在自己較熟悉的工作領域上交出些許成果，希望這本書能對文史愛好者乃至一般大眾做出貢獻。

西方人所認識的辛亥革命

徐家寧

　　一九一一年十月十日晚，在湖北首府武昌，一場由新軍中的革命人士發動的武裝起義，拉開了一九一一至一九一二年風雲巨變的帷幕。對於發生在農曆辛亥年間的這段史事，民初的報章多以「武昌首義」、「共和成立」、「民國肇生」、「辛亥之役」等詞稱呼之。「辛亥革命」一詞，較早見於署名為渤海壽臣的《辛亥革命始末記》，此書出版於一九一二年六月，收錄了一九一一年十月十一日至一九一二年二月十二日間各報章關於革命的報導。在該書的自序中著者寫到：「辛亥之秋，八月既望，武昌起義，各省回應。詳閱報章，默察時勢，預料中國此次革命，大功必可告成。然而熱心諸志士逐日進行之手續，雖已詳載各報，倘非逐日採集，集為一編，誠恐時過境遷，報紙散佚，革命成功之後，凡我同胞，克享共和幸福，飲水思源，上溯當日熱心諸志士若何革命竭以成功，求其詳情，竟不能得，必深恨無書之可考；而熱心諸志士耗費若干心血犧牲，若干頭顱舉沒而不彰，尤可惜也。故自八月二十日起，逐日選擇京津上海各報章，分門重印……」書中所輯報導、專電、上諭、奏章等，完整摘錄自《時報》、《國民公報》、《經緯報》、《民立報》等當時主要報紙，欲以翔實的文字資料，為這場改寫中國歷史的革命彙匯編出一部可供參考的史志。

中外刊物的文獻價值

　　在辛亥年的共和革命過去整整一百年之後，對這場革命的回顧，對它的歷史價值的評估，必然離不開對於革命前後各種細節的追究。其時的中文報紙和時人的記述，提供了陷身於局勢之中的國人對周遭的觀察；此外眾多外國報刊也闢出大量版面，以旁觀者的角度和專業的新聞素質，對革命的萌發與擴大積極跟進。關於辛亥革命一個被反覆提及的小插曲，是後來就任中華民國臨時大總統的孫中山，革命爆發時尚身在美國的科羅拉多州，武昌起義成功的消息，他是從一份當地報紙的報導中得知的，旋即動身回國，於十二月二十五日抵達上海。西方報刊對新聞的敏感性，使得他們的報導常常包含與主題事件相關的各種背景，也包括對事件過往的分析和未來走向的預測。以後來的發展來看很多分析和預測不見得準確，但在當時，總有相關的事實或現象作為他們判斷的依據，一些可能是很細微的東西，在今天或許正好能為歷史這張大拼圖補上缺失的一小塊。

畫刊廣受歐美讀者歡迎

　　二十世紀初的西方報刊裡有一個很受歡迎的分類，即以圖畫為內容主體的各種畫刊。自從一八四二年創刊的《倫敦新聞畫報》（*The Illustrated London News*）開創這一新的報導形式之後，在英國陸續有《泰晤士畫報》（*Illustrated Times*）、《星期畫報》（*The Illustrated Weekly News*）、《圖畫報》（*The Graphic*）、《星球報》（*The Sphere*）、《黑白畫報》（*Black & White*）等畫報問世；在歐洲大陸，有法國《小報》（*Le Petit Journal*）、《小報》增刊（*Le Petit Journal Suppléement Illustré*）、《畫報》（*L'Illustration*）、《小巴黎人》（*Le Petit Parisien*）、《世界畫報》（*Le Monde Illustré*）、《求精報》（*Excelsior*）、比利時《愛國者畫報》（*Le Patriote Illustré*）、義大利《義大利畫報》（*L' Illustrazione Italiana*）、西班牙《藝術畫報》（*La Illustración Artistica*）等。在大洋彼岸的美國，《倫敦新聞畫報》發行了美國版，同時還有《格利生畫報》（*Gleason's Pictorial*）、《鮑洛畫報》（*Ballou's Pictorial*）等本土報紙。

　　眾多畫刊共同的主旨，是以圖畫的方式講述新聞故事。圖畫的具體形式，從早期的木刻版畫、石印版畫到後來直接由照片轉印，緊隨技術發展的腳步。各畫刊各自不同的特色，則主要表現在內容的偏重和版面的安排上，如《倫敦新聞畫報》偏好用整版的大幅圖畫來表現重要事件，或是用緊密排列的多幅圖像來對事件進行多方面的敘述；法國的《畫報》則多採用圖文混排的方式，以詳細的文字報導爲圖片做註解。總體來說，各種畫報都盡力呈現豐富的視覺內容，爲讀者提供輕鬆愉快的閱讀體驗，因而很多畫報都極具影響力，受到各階層讀者的歡迎。

活躍於中國政界的西方人

十九世紀中期以後中西方各層面交往的逐漸展開，使新聞業已有相當發展的西方各國紛紛向中國派駐記者，或是聘用特約通訊員。長居中國的外國記者中幾個著名的例子，如《泰晤士報》記者喬治·E·莫里循（George E. Morrison，1862-1920）、《紐約先驅報》記者威廉·亨瑞·端納（William Henry Donald，1875-1946）、《大陸報》記者、同時也是英國皇家地理學會會員的愛德溫·丁格爾（Edwin John Dingle，1881-1972，中文名丁樂梅），都因廣泛參與中國事務或是對中國的細緻研究而聞名。莫里循曾任袁世凱的政治顧問，一九一九年巴黎和會上，他與中國代表團一起，力爭獲取當時

情況下最有可能的外交協議；端納曾是兩廣總督岑春煊的顧問，民國以後則先後出任孫中山、張學良、蔣介石的顧問，經歷了從清朝覆滅、民國建立、直到抗戰勝利長達四十年的民國歷史。更多專注於本職工作的記者也努力拓寬他們在中國的視野，他們對中國的瞭解越深入，越能抓住中國社會表徵與內在的各種關鍵點，於是在中國逐漸打開大門之後的幾十年裡，在對東方世界的獵奇心理稍稍淡化之後，對中國的政局、社會型態、工商業發展等方面的深度報導越來越常見了。

西洋畫刊大篇幅報導辛亥革命

到辛亥革命發生的時候，歐美及日本各大報刊都對局勢的發展做了及時的報導。武昌起義爆發後第三天，《紐約時報》即刊登了〈武昌爆發共和革命，共和國體有望成立〉、〈大清政府緊急調兵支援漢口前線〉、〈清國駐美使館稱國內形勢非常嚴峻〉等三篇通訊，並有標題爲「清國革命旨在推翻滿清三百年統治」的述評。此時電報、電話這些現代通信技術已得到普遍使用，但據莫里循的講述，當時駐華記者採集的新聞，經電報發回本國後，會交由專人寫成通訊再作刊登，

整個過程下來會導致一兩天的延遲。對於各種畫刊，由於照片的遞送依然通過郵路，因而來自革命現場的畫面最快也要在兩三個星期以後才會刊登出來。在此之前關於武昌起義以及相關事件的報導，多配以早前的舊圖，如孫中山的肖像、溥儀父子的合影、漢陽兵工廠及鐵廠、新軍的訓練與裝備，以及中國各地的風光民情等；另有一些根據文字敘述繪製的插圖，用以描繪革命中的某個場景。到十一月中旬以後，各大畫刊都有來自中國的照片大量刊出，從武漢到南京、上海，再到帝國的中心北京，取自多種角度的圖片從中國各地彙集起來，為這場革命提供了一幅日益完整的視覺圖景。

中國革命普受認同

一九一一年十月到十二月間的武漢，是全中國以及外國媒體關注的焦點。革命軍與清軍在武漢三鎮的戰鬥，從十月下旬持續到十一月底，一開始革命軍占有些許優勢，待清軍的主力從北方開到之後，革命軍逐漸退守。隨著漢口、漢陽相繼失陷，武漢戰場上的共和革命可以說是陷入了困境。這期間各畫刊對武漢地區戰況的圖文報導，除了被燒燬的城區和府衙、遭到破壞的鐵路、逃難的民眾這類常見的戰爭場景，對戰鬥雙方兩支軍隊的關注，從報導和照片的數量來看，顯然是偏重於革命軍一邊。這種態度實際上可見於辛亥革命前後幾乎所有西方報刊對中國局勢的報導。革命軍在成功佔領武昌之後，於十月十三日即給駐漢各領事館分送了照會，承諾保護在漢外國人的權利和財產，以避免招來外國的干涉。雖然戰爭真正爆發時，漢口的使館區卻難以置身事外；儘管如此，革命軍作出的外交宣示，仍使得各國將這次的革命與十一年前的庚子事變區分開來。隨著局勢的發展，駐漢各國領館保持中立的態度日趨明確，擅於審時度勢的各國媒體，自然能捕捉到官方那些即便不算正式的表態。因為相較於一個羸弱又孤傲、頂著數千年傳統體制的重負而難以邁進的舊式中國，一個在思想和制度上與西方世界趨同的共和中國，更容易獲得認同。

追蹤報導袁世凱的動向

武漢之外政治局勢與各種事態的發展，其實比武漢三鎮的戰鬥更關乎共和革命的走向。十月二十八日，法國的《畫報》將目光投向了河南北部的一個小城彰德，在這裡「隱居」著一位足以牽動整個時局的大人物袁世凱。袁於一九〇八年被諭令去除所有職務「回籍養屙」，但他一手建立起來的新式陸軍北洋六鎮，依然由他的眾多親信統率。武漢情勢緊急時，清政府一面急調北洋軍馳援漢口，一面重新啓用袁世凱，希望他的出山能夠平定目前的亂局。清政府於十月十四日任命袁世凱爲湖廣總督，統領軍事，袁一開始雖藉故不出，但敏銳的西方媒體和對朝中政治力量有所知聞的人們都看到了關鍵所在。袁世凱在辛亥革命以及共和建立之後的數年間，都以中國第一實權人物的形象出現在各種西方畫刊上，關於他的報導涉及他的官場生涯、復出的經過、一九一二年一月十六日遭炸彈刺殺事件、就任大總統後的各種活動；此外，他在北京錫拉胡同的宅第、身邊的侍衛以及剪辮這一歷史性的時刻也都登上了西方的畫刊。

英國《圖畫報》預見孫中山就任總統

孫中山是辛亥革命期間媒體關注的另一個重要人物，與袁世凱不同的是，他的聲譽和地位並非來自權力，而是來自多年堅持不懈地對共和革命的宣傳和實踐。早在一八九六年，孫中山就因「倫敦蒙難」事件登上了英國《圖畫報》；武昌起義爆發幾天後，《圖畫報》增刊在報導中國剛剛發生的革命時，即預言孫中山有可能成爲共和國的第一任總統。法國《求精報》在十二月二十九日專文介紹了孫中山的革命歷程，並刊登了他與歐洲革命同志的合影。作爲一名與西方交往頗深的政治人物，他的夫人、子女也在一些畫刊上出現；在他就任臨時大總統之後，他所參與的一些重要活動、政治事件，更是經常性地將他帶入西方讀者的視野。

日暮西山的清室

外國人對中國持續的興趣點中有一個特殊的群體，即清朝的皇室。從第一次鴉片戰爭時的道光皇帝到慈禧太后，每一任中國的最高統治者和宮廷裡的實權人物，都以某種形象在西方畫刊上出現過。到辛亥革命時，皇室的保留與否已經是一個過時的話題，因爲不但革命黨人的口號是「驅除韃虜，恢復中華」，很多長期堅持君主立憲的立憲派人士，也積極地加入到要求建立共和國體的隊伍中來了。此時命懸一線的滿清皇室，以五歲的幼帝、弱勢的太后和幾位不足以應付局面的少年親王的組合，於內於外都難以賺得足夠的支持。一九一一年十一月十八日的英國《星球報》，通過滿人統治中國的歷史簡介，道出清末滿漢矛盾的本質。其他畫刊上關於皇室成員及其活動的報導，尤其在一九〇〇年以後，總是與各種危機相關聯，似乎一有大事發生，人們最關心的問題，就是如今的滿清皇室是否有能力處理危機，並且讓自己生存下去。這或許可以看作是外界對皇室的信心日漸減少的一種證明。

專業的新聞編採工作

西方畫刊對革命中的中國社會的觀察，當然不限於戰爭、政局以及政治人物的各種亮相。幾乎所有介紹辛亥革命的書籍，都會論及一個話題，即這場為中國歷史翻開了新一頁的共和革命，在文化和地域上廣義的中國，到底進行到何種程度。在偏遠的農村，革命多半並未波及，而且一場突發的革命，遠不能給傳統的中國社會帶來即刻的轉變。而在上海這樣開埠已久的大城市，區別於傳統社會的標誌物已經是隨處可見，這些變化並非由革命帶來，而是外部世界長期的影響所致。因此在從帝制到共和的巨變之外，古老的中國顯然還需要經歷一個起點不同、步伐不一的社會變革過程，眾畫刊對當時中國整體形勢的解析，也涵蓋了社會生活中未受革命直接影響的一些方面。

總覽一九一一到一九一二年的各種西方畫刊，在所有有關中國的報導裡，每一幅照片、插圖，都重現了辛亥前後某一段顯著或是被人忘卻的史事。其中的觀點與角度，除去少數必然存在的偏頗與誤導，多數時候都體現了專業的新聞編採者對於這一重大歷史事件的把握和判斷。在革命過去一百週年之際，將這些畫刊彙集整理，一方面希望為有關辛亥歷史的研究增補一些圖像化的資料；一方面也抱有與前人共同的心願，即以此圖冊，紀念那場許多仁人志士為之辛苦奮鬥的革命，不至於讓「熱心諸志士耗費若干心血犧牲，若干頭顱舉沒而不彰」；以對過去的回顧，來審視這一百年中對昔日理想的超越、達成以及部分的遺失。

辛亥革命現場報導

西洋畫刊新聞文獻選集

孫中山最早出現在西方媒體

一八九六年十月三十一日，英國《圖畫報》關於孫中山被釋放的圖文報導，標題為：孫中山案。其中文章敘述孫中山被大清駐英大使扣押在使館十四天後終於被釋放的過程。最早報導此事的是英國《環球報》（*Globe*）報，其時孫中山已被扣押十天，幸得康得黎醫生（Dr. Cantlie）在報紙上公開此事，在輿論的幫助下，一八九六年十月二十四日下午五點，孫中山被交給倫敦警方蘇格蘭場，後獲釋。這是孫中山第一次被西方媒體關注。圖片有一張，是孫中山肖像的木刻版畫。

November Magazines

LORD ROSEBERY'S SECOND THOUGHTS

THE writer who veils his identity under the pseudonym of "Diplomaticus" has this month a noteworthy article in the *Fortnightly Review* on Lord Rosebery's position with regard to the Armenian Question, and it may at once be said that he makes mincemeat of the late Premier. "Diplomaticus" sums up the position by saying that the humiliating *impasse* at which we have now arrived in the Armenian Question is his work. In spite of an international situation which he should have known was unpropitious, he renewed the aggressive policy in regard to Turkish misgovernment in Asia Minor, which had been in suspense since 1881, in giddy heedlessness of Lord Salisbury's warning and of the attitude taken up by the Russian Government. When an unforeseen opportunity occurred for bringing his policy to a successful issue he let it slip, and then coolly handed his policy over to Lord Salisbury, and adjured him to run his head against the stone wall of a hostile European Concert. In 1892 it was impossible to secure any concerted action on the part of the signatories of the Berlin Treaty to compel Turkey to fulfil her obligations, and at the same time it was probable that the Powers would combine to stop independent action on our part. Moreover, Lord Salisbury had, therefore, adopted a policy of moderation. This Lord Rosebery abandoned, estranged the Sultan, and brought all the trouble upon us. Then in 1895 Prince Lobanoff found himself face to face with a peril in the Far East. The Chino-Japanese war was just over, and Japan had made demands on China which seriously menaced the East Asiatic interests of Russia.

Prince Lobanoff was scarcely prepared to deal with the Near East and the Far East at the same time. He accordingly made overtures to the British Government to join in an intervention in China, with a view to keeping Japan off the Asiatic Mainland. I understand that he hinted to Lord Rosebery that he might make almost his own terms for the support demanded of him. Never had a British Minister a more splendid opportunity of achieving a great *coup*. Had he seen clearly at that moment, or if seeing clearly had he acted with courage, the Eastern Question would have been settled to-day. In exchange for his support of Russia in the Far East—a support let it be remembered which would have served the best interests of this country in that region—he might have stipulated for a free hand in Turkey, or might have arranged for combined action. . . . He simply peddled away at his scheme of reforms in the infatuated belief that, as soon as it was completed, the Sultan would adopt it, or British gunboats would know the reason why.

At the end of May, 1895, Lord Rosebery told Sir Philip Currie to present an ultimatum to the Porte, and was then told that Russia "would not associate itself with such measures," and would not consent to the creation of an independent Armenia. In his last speech Lord Rosebery said that the cardinal point of his policy was that single-handed interference meant a European war, and yet he himself first contemplated single-handed interference. Lord Rosebery has changed his mind, and possibly did not understand Russia's hints four years ago, but in that case we might as well have Canon MacColl at the Foreign Office, says Diplomaticus, as the trained intelligence of Lord Rosebery.

MANNING THE NAVY

Lord Charles Beresford is the ultimate cause of the very thoughtful article on the manning of the navy which is published anonymously in *Blackwood*. The writer points out once more that R.N.R. officers and men are quite useless on board a modern battleship, for not sailors but mechanics specially trained to work the delicate machinery are needed. It is an absolute delusion to look upon either officers or men as fit to take charge of the work, and to fight a modern man-of-war. But at present, as Lord Charles says, we are at least ten thousand men short of the proper number to man our ships, and that in two years' time, when the increase in *matériel* will be very large, we shall be even shorter. It used to be considered that we could fall back on the merchant service, but not only is the merchant seaman untrained, but he is in many cases not even an Englishman. Then, again, our present system of naval reserves is untrained and undisciplined. Lord Charles proposes to introduce a short-service system into the navy, and to pass men after five years' service in the navy into the merchant service. But experience shows that those men would at once carry their technical knowledge to some other Power, and that not a few would become naturalised Americans and join the United States Navy. Did we accept the suggestion we should in all probability be only training men for other people. It will be as well to recognise that in the near future the merchant navy will not be able to supply us with the men we want for the Royal Navy, and, therefore, to give up our delusive notions about a reserve. What we require to man our ships are stoker mechanics and mechanical gunners, and as the short-service system would only train men for other nations we shall have to put it aside. But this fact does not much distress the writer in *Blackwood*:—

It is looked upon by some as an extremely alarming fact that we should not be able to man all our ships in case of war. To our mind it is not so; but rather a source of congratulation that *matériel* has gone ahead of *personnel*; for we believe that in future naval wars the destruction of the former will be much greater than that of the latter. For instance, a comparatively small accident to the main engines, or even to some of the auxiliary engines, will place a battleship *hors de combat* for days or even weeks; but if we have some ships in reserve of similar type to those in commission, the crew of this disabled ship could turn over to one of these, and be at home in her and take her to sea in a few hours.

If this view of the subject is correct, it would seem to be of far more importance to provide a reserve of ships than a reserve of men; and we need not feel alarmed at the fact that we are unable to man all our ships, even with reserve men. If we ever find ourselves fighting for our lives, men will spring out of the ground like mushrooms, but not so ships; these cannot be built much under two years, and they cannot be extemporised. No doubt our mushrooms will be uncooked; but if we are now spending money upon a delusive attempt to half cook our mushrooms so as to have them ready when wanted, it would surely be much better policy to save this money.

There is much truth in this view, for if a ship is seriously injured in a modern naval war she will have to return home to dock, instead of being repaired in mid-ocean, as was done with the old-fashioned sailing ship. Besides, many of our ships are obsolete, and will not be wanted until the great battle has broken the first line. Therefore it is of the greatest necessity to have the very newest ships, even if we have not a sufficient number of men to man the older vessels.

"Love in Idleness"

THE new play by Messrs. L. N. Parker and E. J. Goodman with which Mr. Edward Terry has reopened the theatre which bears his name, is a bright, lively, and thoroughly wholesome production which has the further advantage of presenting this popular comedian in one of those humorously eccentric parts which no living actor is better able to turn to account. As Mortimer Pendlebury, the confirmed idler and loiterer, who suddenly determined to be a man of action, and is at once converted into an incorrigible Marplot, Mr. Terry awakens frequent peals of laughter. A light vein of sentiment, moreover, runs through the piece, which is well sustained by Mr. Terry's company, among whom are Mr. Sydney Brough, Mr. Gilbert Farquhar, Mr. De Lange, Miss Hilda Rivers, Miss Bella Pateman, and Miss Beatrice Ferrar. By its neatness of design and clearly defined purpose *Love in Idleness* reminds one somewhat of the farces of Labiche. The piece, which is new to London, though it has been played in the country, met with a very cordial reception from a first-night audience.

The Case of Sun Yat-Sen

THE sensation of the week was undoubtedly the story of the Chinaman who was detained by the Chinese Legation on October

SUN YAT-SEN
Who was a prisoner at the Chinese Embassy

11. The story was first published in the *Globe* after the Chinaman, Sun Yat-Sen, had been locked up for about ten days. It appears that Sun Yat-Sen is a medical man well known in Hong Kong, who was suspected of being engaged in a conspiracy to upset the reigning dynasty in China. His companions were arrested in China, and he fled to America, afterwards coming over to London, where he intended to study medicine. His friends, and especially Dr. Cantlie, who knew him in China, were much alarmed at his disappearance, as it was feared that he would be smuggled out of England and taken to China for execution. Sun's account of the affair was that he was passing the Chinese Embassy one day, not knowing the house, when two Chinamen came and spoke to him, and, after a little conversation, hustled him into the Embassy, where he was locked up in a top room and treated as a prisoner. Sir Halliday Macartney, however, the Secretary of the Embassy, declares that Sun went to the Embassy of his own accord, and it was only on his third appearance that he was told that he was a prisoner on a charge of treason. Then the Foreign Office took the matter in hand, and Lord Salisbury sent down a peremptory demand for the man's release, with the result that soon after five on the afternoon of the 24th Sun was handed over to Inspector Jarvis of Scotland Yard by the officials of the Embassy, after having been imprisoned the best part of a fortnight.

THE SERVICES.—The *Navy and Army Illustrated* is to be congratulated on the two special numbers lately issued. The first deals with the military manœuvres, and is full of well-executed photographs. The second is divided between the Services. In one part is the first of a series entitled "The Battle Honours of the British Fleet," by Mr. Edward Fraser. The story of the Royal Navy is written in the names of its ships, and the idea of going through the navy in this way is excellent. The first to be dealt with is the *Revenge*, and Mr. Fraser tells in an interesting manner of the vessels that have borne that name. The illustrations are capital, and embrace scenes in which the eight *Revenges* took part. In the second half of the number Mr. G. F. Bacon begins a series of "The Glories and Traditions of the British Army" by the story of the Life Guards.

中國東北爆發鼠疫

一九一一年四月八日，英國《倫敦新聞畫報》關於東北鼠疫的圖文報導，標題為：**瘟疫時期的英雄：滿洲爆發鼠疫時的醫生和苦力**。其中文章為伍連德醫生和他的醫療隊在東北撲滅鼠疫的報導，敘述一九一〇年底，東北地區爆發鼠疫。劍橋大學醫學院畢業的伍連德醫生臨危受命，組織了十分成功的防疫機構，與日本及俄羅斯的醫務人員一起共同撲滅了這場鼠疫。圖片有七張，從左至右，從上至下分別是在設置於火車車廂內的辦公室合影，從左至右分別是 J. M. Stenhouse 醫生、伍連德醫生、W. H. G. Aspland醫生；苦力和用來運屍體的板車；一位中國醫生和他的助手；俄國醫生和裝卸工人，他們完成了很多危險的工作；自願從北京趕來撲滅鼠疫的W. H. G. Aspland醫生正在工作；J. M. Stenhouse醫生、伍連德醫生、W. H. G. Aspland醫生在火車前合影；伍連德醫生和幾位英國醫生及中國助手在哈爾濱郊外。

PLAGUE HEROES: DOCTORS AND COOLIES IN PEST-RIDDEN MANCHURIA.

PHOTOGRAPHS BY FREDERICK MOORE.

1. IN THEIR RAILWAY-CARRIAGE OFFICE: DR. J. M. STENHOUSE (STANDING ON LEFT); DR. WU LIEN DE (SITTING ON LEFT); AND DR. W. H. G. ASPLAND (SITTING ON RIGHT).

2. FACING DEATH FOR A FEW PENCE A DAY: COOLIES WITH THE LITTER IN WHICH THEY HAVE CARRIED HUNDREDS OF THOSE DEAD OR DYING OF THE DREADED PLAGUE.

3. CHINESE, WHO, UNMUFFLED, HAVE ATTENDED 1600 PLAGUE VICTIMS AND HAVE NOT BEEN AFFECTED: AN OLD DOCTOR AND HIS ASSISTANT.

4. WORKERS OF THE TRAINS LOADED WITH "CONTACTS" AND DOCTORS: A RUSSIAN TRAIN CREW WHICH HAS DONE MOST DANGEROUS WORK.

5. EXAMINING PLAGUE BACILLI THROUGH A MICROSCOPE: DR. W. H. G. ASPLAND, WHO VOLUNTEERED FROM PEKING, WORKING AT FUCHIADIEN.

6. OF THE FIRST VOLUNTEERS FOR THE PLAGUE AREA: DOCTORS ASPLAND AND STENHOUSE, WHO HAVE BEEN WORKING WITH DR. WU LIEN DE TO STAMP OUT THE PLAGUE IN FUCHIADIEN.

7. IN CHARGE OF THE CHINESE ANTI-PLAGUE CAMPAIGN: DR. WU LIEN DE AND SOME BRITISH AND CHINESE ASSISTANTS, AT THE CREMATION-GROUND FOR PLAGUE VICTIMS OUTSIDE HARBIN.

The greatest credit is due to the British and other doctors at Harbin, for without their aid Dr. Wu Lien De, the able Chinese (a graduate of Cambridge) in charge, could not have accomplished the big task he had in hand. Some notes should be added to the descriptions under our photographs. (1) The doctors' railway-carriage office on the Trans-Siberian Railway is drawn out into the open country nightly, and brought back to the pest-infected town each morning. (2) Many coolies, despite frequent disinfection, special clothes and mufflers, have died at their work, yet the Anti-Plague Bureau have never been at a loss for workmen, who are paid but a few pence a day. (3) The old Chinese doctor and his assistant attended 1600 plague victims in hospital. The doctor has no knowledge of Western medicine, but persisted in his efforts. His remarkable immunity from infection was the wonder of the doctors, for he went unmuffled. (4) The "contacts," that is to say those who have been in contact with plague victims, are housed in trains, which are drawn out of the town each night. It should be further said that, when the four doctors we have named and Dr. Gibb volunteered for work in Harbin, the plague was claiming at least 200 victims a day; now it is claiming but few.

西方文明束縛中國的鎖鏈

一九一一年十月二十一日，英國《圖畫報》增刊關於辛亥革命的圖文報導，標題為：**西方文明正在捶打束縛中國的鎖鏈**。其中評論為滿清兩百五十多年的統治已經直接受到革命的衝擊，孫中山很有可能成為共和國的第一任總統。在武昌起義爆發僅十一天後的英國報刊上就已經預見到革命的走勢，反而在中國可能有很多人還未聽聞孫中山的名字。圖片有三張，左上為載振貝子；右上為孫中山；下圖為溥儀父子的合影，載灃端坐椅上，懷抱溥傑，手牽溥儀。

THE CHAIN BINDING CHINA

WESTERN CIVILISATION HAMMERING AT THE LINKS

A pictorial guide to some of the external changes that are taking place in the Middle Kingdom.

Lafayette and Elliott and Fry

CHINA'S FOREIGN RULERS : THE PRINCE REGENT WITH THE CHILD EMPEROR AND HIS BABY BROTHER

Representing the Tsing or Manchu dynastry, which has ruled China for 250 years, and against which the revolution is directed. At the top of the page on the left is Prince Tsai Chen, the Heir Apparent, and on the right, Dr. Sun Yat Sen, the organiser of the revolt, and, possibly, the first President of the coming Chinese Republic.

CHINA'S MIMICRY OF THE WEST: HER AN

A MANCHU ARCHER
A type of soldier that has only recently disappeared.

GEN. FONG CHANG
Commanding a Division of the Chinese Army.

AN OFFICIAL OF THE NEW RÉGIME
Fuan Fang.

MEMBERS OF HIS IMPERIAL MAJ
Left to right : Ying Chong, President of the Ministry of War ; Tsai Pu, seco of the Prince Regent ; Duke Yu Ling, Prince

A SINGING GIRL
On the way to a tea-house.

THE MAIN STREET AT TSINGTAU, IN GERMAN CHINA
Where two battalions of foreign-drilled troops have mutinied.

BUILDING THE CHINESE NATIONAL PARLIAMENT AT P
China was promised a National Parliament in 1917, but in response to an urgent demand she is no

THE RECENT FLOODS : A PARTIALLY DESTROYED VILLAGE NEAR NANKING
Two-thirds of Central China was flooded last month, and millions of people brought face to face with starvation.

MODERN CHINA : THE RUSH FOR THE TRAIN

TRAM LINES AND AN IRON BRIDGE AT SHANGHAI

TO SATISFY CHINA'S DEMAND FOR PARLIAMENTARY GOVERNMENT

The rising in China, which has for its object the overthrow of the Manchu dynasty and the establishment of a Republic, is the most formidable since the Taiping rebellion fifty years ago. The rebels have captured the chief towns in the basin of the Yangtse, proclaimed the Republic at

ER TO THE METHODS OF THE MANCHUS

INESE OFFICIALS IN PEKING
nce Ching; Princes Tsai Tsuen, Tsao Jin and Tsao Tao, three brothers
eao Heng, Vice-President of the Navy.

THE STRONG MAN OF CHINA
Yuan Shi Kai, ex-Viceroy of Chi-li, sent to quell the rebellion at Wuchang.

GEN YING CHANG
Leader of the Imperial troops against the rebels.

PRINCE TSAI ON THE MANŒUVRE GROUND
The Prince was at the head of the mission sent to Europe to study modern military conditions.

LEGATION STREET, PEKING
Showing how the town has become Europeanised since the Boxer rising.

A MAIL-CARRIER
Of the Imperial Chinese Post.

E LARGEST HOUSE OF ASSEMBLY IN THE WORLD
in 1913. The huge building, which will be 1,000 feet high, is being erected by a German firm

THE RECENT FLOODS: A SCENE AT A STATION ON THE HANKOW RAILWAY
The floods were the most serious China has ever known, and had much to do in causing the present discontent.

R VIEW OF THE PARLIAMENT HOUSE IN COURSE OF ERECTION

THE UP-TO-DATE ELECTRIC TRAM AT SHANGHAI

THE NEW WOMAN: A MASSAGE ESTABLISHMENT

uchang, torn up twenty miles of the Peking-Hankow Railway, and massacred 800 Manchus at Wuchang. They have 25,000 splendidly organised
ops, led by Li Yuan Heng, a soldier, and one of the ablest members of the movement. All now depends on the loyalty of the Peking troops.

中國模仿西方的企圖 _(24頁圖)

一九一一年十月二十一日，英國《圖畫報》增刊關於
清末清政府立憲的圖文報導，標題為：**中國對西方的
模仿，滿清政府的回應方式**。其中評論為在立憲壓力
下滿清政府的反應。一九〇五年日俄戰爭之後，迫於
國內外的壓力，清政府決定實施立憲，儘管派出五大
臣考察歐洲憲政，但最終實際建立的還是維護皇權的
宗社黨和皇族內閣，本質並沒有太大變化。圖片有十
九張，從左至右，從上至下分別是射箭的滿清騎兵；
新軍第一鎮統帥鳳山將軍；端方；宗社黨成員；袁世
凱；蔭昌；正在閱兵的載濤；前往茶館路上的賣唱姑
娘；青島德國租界的主要街道；北京營建中的國會大
廈；北京的使館街；大清郵差；南京附近被洪水淹沒
的鄉村；漢口火車站洪水災情；中國擁擠的火車；上
海正通過鐵橋的有軌電車；北京營建中國會大廈的另
一個角度；上海的有軌電車；一間女性經營的按摩
院。

少年中國

一九一一年十月二十一日，英國《圖畫報》增刊關於
中國青年的圖文報導，標題為：**當代之年輕中國，直
隸高等學堂所見**。其中文章為記者在保定的直隸高等
學堂所見所聞，以此表現成立共和之中國的未來。直
隸高等學堂的前身是一八九八年創建的畿輔大學堂，
一九〇二年，直隸總督袁世凱在原畿輔大學堂的基礎
上建立了直隸高等學堂，亦稱保定大學堂，是北洋大
學堂預備學堂，培養了很多人才。圖片共九張，從左
至右，從上至下分別為一百碼比賽準備起跑的學生；
散開的辮子；一百碼比賽的衝刺；挽起髮辮的司號員
和指揮官；學校社團內「議院議長」打扮的學生；觀
察操練的蓄辮軍官；仍然被保留的貢院；貢院的牆；
直隸高等學堂的報告廳。

UP-TO-DATE YOUNG CHINA: Scenes at Pao-Ting-Fu University

YOUNG CHINA IN ATHLETICS—THE START FOR THE 100 YARDS' RACE   THE DISAPPEARING PIGTAIL   THE FINISH OF THE 100 YARDS' RACE—AT PAO-TING-FU UNIVERSITY

The broad fact about the Chinese rising is simply this, that China has been unable to escape the movement—one purposely avoids the question-begging epithet of "progress"—of the West. During the last few months we have repeatedly presented pictures of many evidences of this imitation in the Celestial Empire, and the present supplement is designed to recall some of the externals of this movement. None of these is so remarkable as the way in which the Chinese Army has shed its pigtails, donned the khaki in which England

London," issued by Arrowsmith, of Bristol, in 1897. That the Chinese student visiting foreign Universities should adopt Western modes and methods was only to be expected, but the same is true of the student who has never ventured beyond the confines of his vast Empire. Thus at the University of Pao-Ting-Fu not a week passes

instituted a Parliamentary debating society, with a Speaker robed exactly like Mr. Lowther. In this University there is a Chair of Political Economy presided over by young Englishmen, and it is very interesting to compare the Lecture Hall with the curious " examination cells " illustrated on this page. How far the spirit of reform will be allowed to go forward smoothly is not clear, but one very significant feature of the present situation is the comparative immunity of the missionary and other " foreign devils " so far as the reformers

WITH PIGTAIL FURLED: BUGLERS AND A N.C.O.

"THE SPEAKER OF THE HOUSE"
In the Students' Society of the University of Pao-Ting-Fu.

PIGTAILED OFFICERS WATCHING THE MANŒUVRES

set an example to the world, and adopted the Western method of training troops, thereby covering an enormous distance since the days when Gordon led his " Ever Victorious " Army. The movement, which has been largely instituted by Chinamen who have gone abroad, came first to our notice by the extraordinary kidnapping in London of Sun Yat Sen fifteen years ago, and students of the present rising should make a point of securing the pamphlet on the subject, called " Kidnapped in

without some visible sign of the new movement. The pigtail is rapidly becoming a thing of the past, the student, as our pictures show, is adapting himself to the athletic methods of the Western schoolboy, and has even

themselves are concerned, although the revolution will probably crystallise a great many forms of irrepressible blackguardism. The intellectual awakening of China's four hundred million inhabitants is perhaps the most serious problem that faces the twentieth century, though Lord Rosebery took, perhaps, an unnecessarily gloomy view of the future when he suggested the other day that Mr. Carnegie would see in it only a new opportunity for providing libraries on a larger scale than ever.

THE OLD STYLE: THE CELLS WHERE THE EXAMINATIONS WERE HELD   THE WALL OF A CELL   THE NEW STYLE: LECTURE HALL IN THE UNIVERSITY OF PAO-TING-FU

中國即將覺醒

一九一一年十月二十一日，英國《圖畫報》關於中國變革的圖文報導，標題為：**甦醒的紅龍，西方思想和東方文明**。其中文章敘述中國在不斷前進的世界大潮中，傳統的東方文明不斷遭受西方思想的衝擊，這種衝擊正逐漸影響和改變著中國，中國這條巨龍即將覺醒。圖片共一張，是清末戴枷的犯人。

THE RED DRAGON AWAKES
WESTERN IDEAS AND ORIENTAL CIVILISATION.   BY PHILIP GIBBS

So even China has been awakened by the world's unrest! The last Empire of old, old things, of unchanging ideas, of reverence for the past, has finally been aroused, from end to end, by the spirit of revolt and innovation. Into the Oriental philosophy of that Celestial Empire, where the yellow men smiled for a hundred years at the fussy foolishness of the foreign devils, Western notions of liberty, of industrial activity, of machine-made progress, have come crashing and smashing their way. Little revolutionary men with big words in their mouths, and big promises, have gone among the Chinese people, ridiculing the old ancestor worship, challenging the wisdom of the old wise man, Confucius, and putting the deadly weapons of the Western world into the hands of men who have an Oriental carelessness of death. "Wake up, Celestials!" has been the secret watchword, and China has awakened. The Red Dragon has stirred from its long sleep. It is lashing its tail and breathing fire and blood. If a Republic arises above the Dragon of the old régime, its foundations will be planted in a sea of bloodshed.

To the Western world this revelation of the spirit of revolt and change in China seems very sudden. Most of us believed that the Empire, with world-old superstitions, was still refusing to admit the blessings of modern progress. We believed that it was untouched by the revolutionary fire which in twenty-five years has changed the Japanese nation, miraculously, so that it has shuffled off its old faith, and its old moralities, adopted the shoddy clothes of Europe, darkened its cities by the black smoke of busy factories, made slums of its flower-gardens, established a great army and a great navy to fight a war which has brought it to the verge of bankruptcy, adopted the philosophy of greed and grab, and generally learnt the beauties and joys of Western civilisation. China still seemed to be sleeping in the sun, or dreaming away its life in the old faith of smiling contempt for the rush and roar of Western progress. We were astonished at its stupidity and glad of it, for the mere thought of an awakened China gave us the Yellow Peril for a nightmare.

Yet there have been signs that this awakening was not to be long postponed. I remember meeting a little Chinese gentleman six years ago, and receiving a sign from him. I was his guest in his rooms at Oxford, where he sat smiling at me through the smoke-rings of an Egyptian cigarette. He spoke perfect English in a squeaky voice, and I remember some of his words.

"The English boys come here for fun," he said. "They are not very serious in their study. But I am here to learn. I have learnt a great deal: about your ways of Government, and your ideas of liberty, and your restlessness. When I go back to China I shall try to plant them among my people. If they bear fruit many things will be destroyed, many things will be changed. One day China will have something to say to the Western nations. We shall astonish the world."

"Is it worth while?" I asked.

He was thoughtful for a few moments, and blinked at me with his little eyes.

"It will be interesting," he said.

Since then, and especially since the war between Russia and Japan, many Chinese students have come to Europe to study Western ideas. They have come to Paris, to Vienna, to Berlin, and to London. They have studied engineering, the law, medicine, but, above all, the political systems of Europe. After a little study they go back to become professors in China, and political agitators, with a lot of Western ideas, crudely assimilated, and still more crudely understood by other professors and other agitators, who are at work among the people.

THE CANGUE: A TIME-HONOURED MODE OF PUNISHMENT IN CHINA

A month or two ago, when King George reviewed his fleet at Spithead, foreign warships of all nations joined in the Royal salute. As the smoke-wrack cleared away I saw another sign that China had abandoned her old faith in an unchanging past. It was a startling sign, for there, above a great steel-clad warship of the most modern type, flaunted the Scarlet Dragon, the symbol of all that was old and cruel and barbarous in the Oriental world, above the symbol of all that is new and cruel and barbarous in the Western world. Joined together they seemed to me to make a sign of dreadful warning. I thought of the little Chinese gentleman in his quiet rooms at Oxford. He and his comrades have begun to astonish the world, as he promised.

Once more I cannot help thinking "Is it worth while?" Sun Yat Sen, with his revolutionary spirit, and all the Europeanised Chinamen who are at work behind this great attack upon the old régime, may succeed in establishing a Republic after slaughtering the rulers of the Empire, and after the Republic is founded they may change the life and character of China as swiftly as Japan sprang from mediævalism to modernity. They may establish such a new era of progress that in a little while they may enjoy a two-party system in a Chinese House of Commons with a pig-tailed Prime Minister debating interminably with a pig-tailed Leader of Opposition. The old handicrafts of China, which have flourished for two thousand years, may be swept away by machine-made goods turned out by the million in monstrous factories, red brick villas may replace the little wooden huts, telephones may call from Peking to Lassa, railways may cut up the Celestial Empire into small pieces, and the new doctrine of the right to strike may dislocate the traffic at stated periods, the paddy-fields may be deserted for great cities with plenty of electric light and cinematograph theatres with continuous performances to brighten the life in the slums, mandarins may drive in motor-cars, and all the comforts and luxuries, the discontent and restlessness, the feverish activity and strenuous competition of Western civilisation may replace the sleepy peace and backwardness of the old, old Empire. Progress — oh, glorious word!—may take possession of the Celestial Republic!

But I wonder if any individual Chinaman will be any happier for it? I wonder if it will give him a deep spiritual satisfaction to pay taxes for an Imperial navy and an Imperial army on the very latest scale, instead of to the Manchu rulers of the old régime, who were not so costly as battleships and machine guns? Perhaps after all they may pay too great a price for "progress."

All travellers from China bear witness to the temperate, contented, cheerful, laughing character of the Chinese peasant, and to the intelligence, the courtesy, the equanimity, the kindliness, the calm philosophy of the Chinese gentleman. When England was a tangled forest inhabited by naked savages, China was the home of literature and the arts. For two thousand years it has had its poets and its great teachers and its men of science. Many of our modern inventions were discovered by Chinese sages a thousand years ago, and abandoned as foolish or dangerous toys which would not add to the happiness of the human race. When their passions are aroused the Chinese people have certainly revealed a savage cruelty equal, but not surpassing, perhaps, the cruelty of the Western world in the Middle Ages. But if all things are measured up it seems that they have much to lose, as well as much to gain, in virtue and in happiness, if they adopt the standards of European civilisation. For, after all, our Western system of Society has not, in spite of all our "progress," given a great measure of happiness or material comfort to the average labourer.

武昌爆發革命

一九一一年十一月十八日，英國《倫敦新聞畫報》關於武昌起義的圖文報導，標題為：**中國的起義軍是戰鬥者，也是建築和橋樑的破壞者**。其中文章引用宣統帝立誓改革的詔書來表現武昌爆發起義的必然性。起義發生後，革命軍積極維持地方治安，破壞的建築主要是總督衙門和阻止清軍南下的部分京漢鐵路，並未影響城內居民的生活秩序。圖片共三張，從上至下分別是被起義軍占領的武昌漢陽門；日本領館附近平漢鐵路一座被起義軍破壞的鐵路橋、湖廣總督府被破壞的情景。

CHINESE REBELS AS FIGHTERS AND DESTROYERS OF BRIDGES AND BUILDINGS.

PHOTOGRAPHS 1 AND 3 BY C.N.

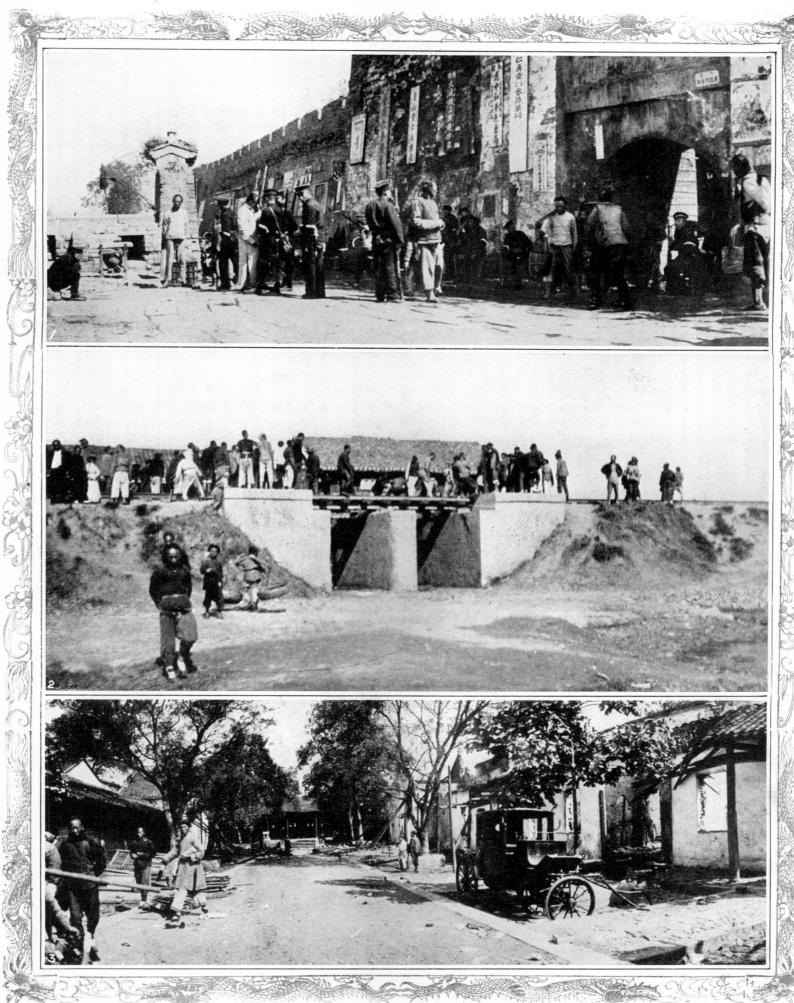

1. HELD BY THE REVOLUTIONISTS AND SCENE OF THE KILLING OF MANY MANCHUS SEEKING TO FLY THE CITY: THE HAN-YANG GATE OF WUCHANG WITH REBEL SOLDIERY IN POSSESSION.

2. ON THE PEKING-HANKAU RAILWAY, A MOST IMPORTANT LINE FOR IMPERIALISTS OR REVOLUTIONISTS: REBEL COOLIES DESTROYING A BRIDGE NEAR THE JAPANESE CONCESSION.

3. SHOWING ONE OF THE GREAT OFFICIALS' CARRIAGES WITH SHAFTS AND WINDOWS BROKEN: IN THE GROUNDS OF A VICEROY'S PALATIAL RESIDENCE AFTER THE REVOLUTIONISTS' VISIT.

Such scenes as these brought into being that remarkable edict in which the five-year-old Emperor of China said: "I have reigned for three years and have always acted conscientiously in the interests of the people, but I have not employed men properly, not having political skill. I have employed too many nobles in political positions, which contravenes Constitutionalism... People are grumbling, yet I do not know; disasters loom ahead, but I do not see . . . hereby I announce to the world that I swear to reform, and, with our soldiers and people, to carry out the Constitution faithfully, modifying legislation, developing the interests of the people, and abolishing their hardships—all in accordance with the wishes and interests of the people. Old laws that are unsuitable will be abolished. The union of Manchus and Chinese, mentioned by the late Emperor, I shall carry out."

北京的民族矛盾

一九一一年十一月十八日，英國《星球報》關於辛亥革命期間北京情況的圖文報導，標題為：**動盪的北京之所見，滿人身處險境**。其中文章通過滿人統治中國的歷史簡介，道出清末滿漢矛盾的本質。滿清入關以來，滿族人一直享有特權，他們甚至不需要勞動，這在社會分工和財富分配方面激化了社會矛盾，辛亥革命打出的口號即「驅除韃虜，恢復中華」。圖片共三張，上圖左右分別是滿族婦女的冬裝和夏裝；下圖是大雪後的東交民巷使館區。

Scenes from Disturbed Peking : Where the Manchus are in Danger.

The Winter Dress of a Manchurian Lady   The Summer Dress of a Manchurian Lady

The above views show two types of the aristocratic Manchu women, whose lives are at the present moment in considerable danger. The Manchus, it must be remembered, are quite distinct from the Chinese. The former belong to the Imperial section of the nation, who have hitherto played the most important part in the government of China, the latter to the great masses of the Empire, who in the present civil war waged against the Imperialists are gaining ground daily. The Manchu women's coiffure is most picturesque and their long Manchu robes the most dignified of any costume in Asia. These robes are usually of brocade, embroidered satin, or plain silk, and short sleeveless jackets give contrasting touches to some of the gowns

A VIEW OF THE FOREIGN LEGATIONS IN PEKING, WHERE EUROPEAN RESIDENTS HAVE CONCENTRATED

The Imperialist cause seems to be losing ground daily, even hourly, in Peking, where there has been much excitement among the natives owing to fear of mob violence during the time between the withdrawal of the old authority and the establishment of the new. The above view shows a wintry scene of the diplomatic quarter of Peking as seen from the gate, Tsien Min. The European residents have been seeking safety here

"SWARMING WITH CHINESE": THE "KIANG YUNG"

Mr. Barff writes: "The China Merchants' Steam Navigation Company's steamer 'Kiang Yung' caused great interest along the water front on account of her crowded appearance, household goods being piled high on the deck houses, and every deck being packed with refugees from Hankau." Of the same subject, the "China Press" says: "The steamers arriving from Hankau attracted considerable attention as they made their way up the river alongside the Bund. They were literally swarming with Chinese, crowded

ING AT SHANGHAI WITH REFUGEES FROM HANKAU.

to every open space and perched on top of their luggage, which was piled in heaps all over the decks. Asked how many there
ere on board, the first officer responded: 'We counted three thousand four hundred and some odd and then we lost track and
ve it up." It was recently reported that the revolutionists had captured the native city of Shanghai and the arsenal, and it was
t long before it was announced that they were serving out new rifles at the arsenal to all who asked for them.

漢口難民逃往上海 _(34頁圖)

一九一一年十一月二十五日，英國《倫敦新聞畫報》關於武昌起義期間漢口難民的圖文報導，標題為：**從革命軍的首都到革命軍更想占領的地方**。其中文章介紹了從漢口乘「江永」號輪船逃往上海難民的情況。儘管革命軍占領武漢三鎮後發出安民告示，組織軍隊巡邏，維持治安，並未侵擾民眾生活，但是中國數千年歷史中的戰爭沒有不令百姓生靈塗炭的。一九一一年十月二十七日，馮國璋率領的清軍進入漢口和革命軍展開巷戰，繼而放火燒燬大片漢口城區，很多百姓淪為難民。圖片共一張，為「江永」號即將抵達上海碼頭的情景，船上、岸上滿是從漢口逃亡來的難民。

武昌的形勢

一九一一年十一月四日，英國《倫敦新聞畫報》關於武昌起義初期武昌形勢的圖文報導，標題為：「**少年中國**」**和滿人，共和之中國的心臟**。其中介紹了武昌的革命形勢和清廷的反應。武昌首義爆發突然，甚至外國記者都感到驚訝，清廷也很快重新起用「回籍養痾」的袁世凱為湖廣總督，以鎮壓革命。圖片共三張，從上至下分別是漢口的外國租界；袁世凱肖像；漢口碼頭密密麻麻停靠的中國帆船。

"YOUNG CHINA" AND THE MANCHU: THE "CHINESE REPUBLIC'S" HEART.

PHOTOGRAPHS BY DR. THOMSON AND C.N.

1. IN THE CITY, OCCUPIED BY THE REVOLUTIONISTS, WHICH WAS THE SCENE OF THE PROCLAMATION OF A REFORMED GOVERNMENT OF CHINA: THE BRITISH CONCESSION AT HANKAU.

2. RECALLED FROM IGNOMINIOUS EXILE TO RE-ESTABLISH THE IMPERIAL AUTHORITY: YUAN SHIHKAI.

3. A CENTRE OF THE REBELLION AGAINST THE MANCHU RULE: HANKAU—A VIEW OF THE YANGTSE, SHOWING A FOREST OF MASTS.

The extraordinary anti-Manchu revolution in China soon reached a dangerous height in Hankau, and last week the Viceroy informed the Consuls that he could not guarantee the protection of the foreign Concessions in the city. Later, it was reported that the revolutionists had occupied the place without opposition, and that the foreigners resident in Hankau, Wuchang, and Hanyang had been called in and had landed in the Hankau Concession. In the same city, a "Reformed Government" of China was proclaimed; and on the 12th a massacre of Manchus and their families is stated to have taken place there. Wuchang (the capital of the Provinces of Hunan and Hupeh), Hankau, and Hanyang form practically one great city, with an estimated population of 800,000. Yuan Shihkai, recalled to power and appointed Viceroy of Hunan and Hupeh, is one of the strong men of China. He was ignominiously sent into retirement in January of 1909, when he was handed an edict which told him that, as he was unexpectedly suffering from an affection of the foot which made it difficult for him to go about his duties properly, he must resign. Under the late Dowager Empress he was practically omnipotent.

革命黨人遭到嚴厲鎮壓

一九一一年十一月四日，英國《倫敦新聞畫報》關於
辛亥革命中一些城市鎮壓革命黨人的圖文報導，標題
為：**這樣的懲罰會降臨到被捕的革命者身上**。其中報
導了一些城市革命者遭到鎮壓的情況。武昌首義後，
各省紛紛通電獨立，但並不是所有的城市都會兵不血
刃的完成革命，很多革命者都付出了生命的代價。圖
片共一張，是城門上懸掛示眾的革命者頭顱。

SUCH PUNISHMENT AS MAY BEFALL CAPTURED "YOUNG CHINAMEN."

PHOTOGRAPH BY COURTELLEMONT.

CHARACTERISTIC CHINESE WARNINGS TO THE EVIL-DOER: HEADS FROM DECAPITATED OFFENDERS HANGING IN CAGES AGAINST A WALL BY THE GATE OF A CHINESE TOWN.

Whether or no revolutionists captured by the Government will be decapitated remains to be seen; but it would not be surprising were some of their heads to be exhibited in the manner here shown. It may certainly be taken as very unlikely that any rebels caught red-handed will be treated with over-great respect, especially if it be true, as is generally stated and believed, that many Manchus have been massacred. For the Manchus, who conquered the Chinese some three hundred years ago, have been their masters since, and have had special privileges. The ruling dynasty is, of course, Manchu, but there has always been a more or less latent animosity against them.

海外中國人閱讀革命報導

一九一一年十一月四日，英國《圖畫報》關於辛亥革命的消息傳到英國時的報導，標題為：**年輕的中國如何接收到革命新聞，在萊姆豪斯的中國革命俱樂部內一景**。其中報導了英國革命俱樂部支援中國革命的年輕人在報紙上看到辛亥革命消息的情形。革命的先行者孫中山先生長期在歐美活動，在那裡發起革命募捐，有廣泛的華人基礎，當他們看到革命的消息自然很興奮。由於武昌起義事發突然，即使孫中山也是身在美國，事發數日後才通過當地報紙得知這一消息的。圖片共一張，是英國萊姆豪斯的中國革命俱樂部年輕人收到革命消息時的水彩畫。

HOW YOUNG CHINA RECEIVES the NEWS of the REBELLION
A SCENE IN A CHINESE REVOLUTIONARIES' CLUB IN LIMEHOUSE

The progress of the Chinese rebellion is being followed with lively interest by the Chinese in the great cities of Europe and Asia, nearly all of whom are in sympathy with the movement, many, indeed, having been expatriated for their revolutionary aspirations. These are the people who have supplied a large part of the funds for the revolutionary propaganda in China, which has been directed mainly from abroad. The leader, Dr. Sun Yat Sen, who is at present in New York, has stated that "the new men who will control the destinies of China know Paris, London and America, and they will borrow from these directions their constitutional ideals as well as their individual liberties."

DRAWN BY LESLIE HUNTER

五歲的末代皇帝

一九一一年十一月四日，英國《倫敦新聞畫報》關於溥儀的圖文報導，標題為：**革命軍的敵人，年僅五歲的清朝皇帝**。其中文章介紹清朝的宣統皇帝。在光緒帝死後，慈禧太后指定醇親王載灃之子溥儀繼承大統，年僅三歲，由載灃攝政。圖片共一張，是溥儀即位前在醇親王家中的照片。

THE REBELS' FOE: THE FIVE-YEAR-OLD HEAD OF THE MANCHU DYNASTY.

THE CHILD WHO, UNDER A REGENT, RULES 430,000,000 SOULS: PU-YI, EMPEROR OF CHINA.

The revolutionists' desire is, it is understood, to overthrow the Manchus, that Chinamen may rule in their stead, whether the "Flowery Land" of the future be an Empire or a Republic. The reigning Emperor, who is, of course, a Manchu, was born on February 11, 1906, and succeeded his uncle on November 14, 1908. He is a son of Prince Ch'un, brother of the late Emperor and Regent of the Empire. The rule of succession in China, it should be remembered, is that a son or nephew or male relation of the next younger generation designated by the Emperor just deceased shall succeed. The present dynasty dates from 1644, and has the style Ta Ch'ing Ch'ao (Great Pure Dynasty).

A POTENT FACTOR IN THE CHINESE CRISIS, AND IN THE FA

PHOTOGRA

1. A SUBSTITUTE FOR THE BRIDGE OF BOATS: AN ELABORATE RAFT-BRIDGE
CONSTRUCTED BY THE ENGINEERS - IN THE BACKGROUND AN
OBSERVATION-BALLOON.

5. WITH THE PIGTAIL WORN HANGING DOWN THE BACK, A PRIVILEGE
ALLOWED OFFICERS: A STAFF OFFICER OF THE CHINESE ARMY

2. THE MODERN WEAPONS OF THE NEW CHINESE ARMY: WORKI
KRUPP MOUNTAIN-GUNS.

6 FINE MATERIAL AND DRILLED ON EUROPEAN LINES: INFANTRY STANDI
AT EASE (AND WEARING ARMLETS SIMILAR TO THOSE ADOP
BY THE REBEL SOLDIERS AS DISTINGUISHING SIGNS).

At the moment of writing, there is considerable doubt as to what proportion of China's army is loyal to the Emperor, and there seems to be no question that many bodies of troops have joined
revolutionists. It was said the other day, indeed, that the rebel forces included over 25,000 men, most of them trained soldiers. Those opposed to the Government army distinguished themselves
wearing a white band round the arm, an idea evidently imported from manœuvre time (when it is worn as seen in certain of our Illustrations). Following the lead set by the Japanese, the Chinese be
a reorganisation of their army some four years ago. What was in the widest sense of the term an Eastern force is now an Eastern force with Western methods, although the efficiency of even the
troops is not, perhaps, of the highest order. An edict of 1907 ordered the formation of thirty-six divisions in the various provinces by 1912. Each division of about 10,000 combatants is to

ASTERN PROBLEM: THE NEW, WESTERNISED CHINESE ARMY.

HARLINGUE.

ERY DIFFERENT FROM THE OLD WARRIORS OF THE TWO-HANDED SWORDS, WEIRD MASKS, AND STRANGE ARMOUR: TYPES OF THE NEW EUROPEANISED CHINESE INFANTRY.

ITH THEIR COLOUR AT THEIR HEAD: A REGIMENT OF INFANTRY RETURNING TO BIVOUAC.

4. AN EYE OF THE NEW FAR-EASTERN ARMY: AN OBSERVATION-BALLOON, PROOF OF THE MOST-UP-TO-DATE METHODS OF THE CHINESE ARMY OF TO-DAY.

8. WITH PIGTAIL FREE—A PRIVILEGE GRANTED TO OFFICERS: A STAFF OFFICER OF THE CHINESE ARMY.

ised in one of two armies, the Northern and the Southern. It is estimated that by 1920 the Chinese army will consist of 1,200,000 officers and men. The officers of the new Chinese army are trained chiefly by Chinese—a revolution, for there was a time not very long ago when all the instructors were Japanese or German. Two years ago the instructors included only twenty Japanese ve Germans. With particular regard to two of our photographs, it should be noted that the officers of the Chinese army are permitted by official regulations to wear their pigtails hanging down backs; the men must wear theirs coiled round the head under the cap. It is more than likely that the passage of a year or two will see the pigtail a thing of the past so far as the great majority Chinese is concerned; already it is out of favour with a great number of the more progressive people of the Flowery Land.

中國訓練新式軍隊 _(44頁圖)

一九一一年十一月四日，英國《倫敦新聞畫報》關於
中國新軍建設的圖文報導，標題為：**在中國危機和遠
東問題中一個強有力的因素，西式訓練的中國新軍。**
其中報導了清末新軍的建設成就和新軍在辛亥革命中
的表現。在中日甲午戰爭之後，清政府開始仿照西法
編練新軍，向海外派出軍事留學生，幾年下來很有成
就，辛亥革命中革命軍的主力都是訓練有素的新軍。
但是最有實力的新軍都集中在袁世凱麾下的北洋六
鎮，這也影響了民國成立之後的政治走向。圖片共八
張，從左至右，從上至下分別是工兵用竹筏搭建的浮
橋，遠處還可見偵察氣球；新軍裝備的現代武器，克
虜伯山地砲；歐洲化裝備的中國新軍；陸軍的偵察氣
球；新軍中留辮子的軍官；革命軍在山上展開防線；
步兵軍團在軍官的率領下列隊前往營地；留辮子的新
軍軍官。

清軍攻占漢口

一九一一年十二月二日，英國《倫敦新聞畫報》關於
辛亥革命中漢口的圖文報導，標題為：**中國革命的中
心，漢口的戰爭景象。**其中報導了漢口的戰事。到一
九一一年十二月，清軍已經占領漢口，陽夏保衛戰已
經基本分出勝負，特別是馮國璋的軍隊把漢口燒成白
地之後，革命軍退守漢陽，不可能再反攻漢口了。圖
片共六張，從上至下，從左至右分別為漢口港外停泊
的外國軍艦；十月十八日至十九日清軍和革命軍激戰
的戰場；革命發生前張彪、黎元洪等人的合影；十月
十八日戰鬥中被燒燬的區域；德國使館後面被燒燬的
民房（兩張）。

THE HEART OF THE CHINESE RISING: WAR-SCENES AT HANKAU.

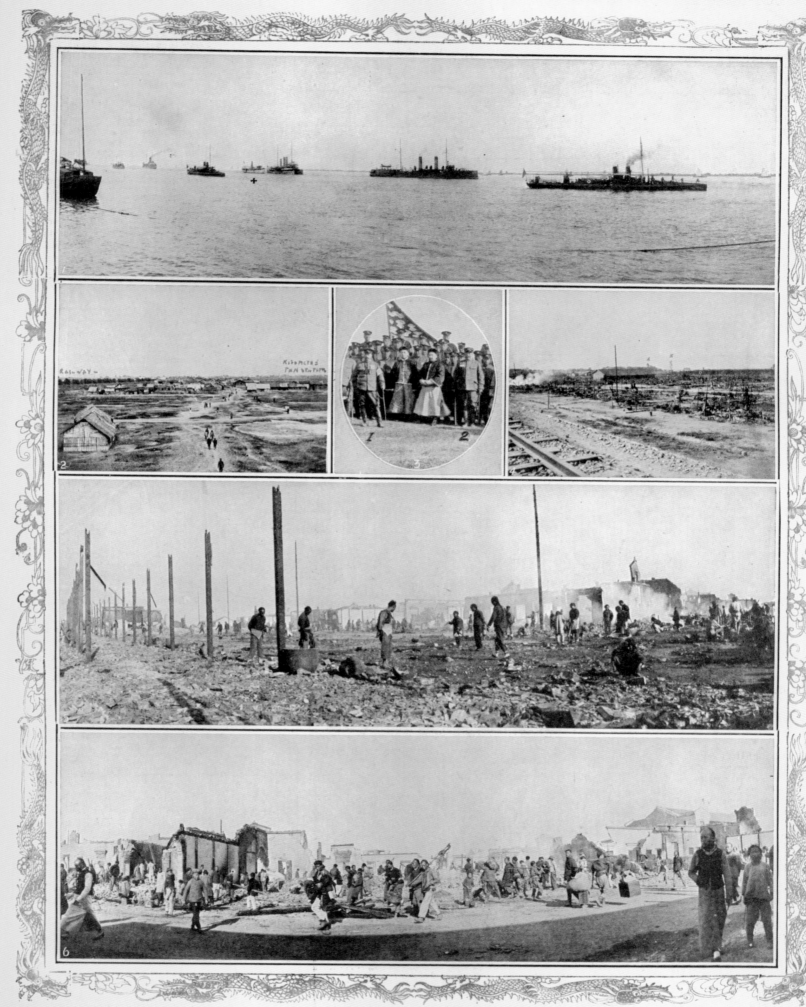

1. SHOWING THE LAUNCH (X) ABOARD WHICH THE VICEROY WAS BELIEVED TO HAVE TAKEN REFUGE: CHINESE CRUISERS AND GUN-BOATS ON THE YANGTSE KIANG, OFF HANKAU.

2. WHERE TWO THOUSAND REVOLUTIONISTS ENGAGED ABOUT THE SAME NUMBER OF LOYALISTS: THE BATTLEFIELD OF OCTOBER 18 AND 19.

3. IN THE DAYS OF PEACE BEFORE THE RISING: GENERAL CHANG PIAO (1), COMMANDER OF THE IMPERIAL TROOPS AT WUCHANG WHEN THE REPUBLIC WAS FIRST PROCLAIMED; AND GENERAL LI-YUAN-HENG (2), THE REVOLUTIONISTS' COMMANDER-IN-CHIEF.

4. BURNT OUT BY THE FIRE CAUSED BY THE CRUISERS' SHELLS ON OCTOBER 18: THE RUINS OF THE AFFECTED AREA, WITH, ON THE LEFT, THE PAVILION OF THE RACE-CLUB (X) AND, ON THE RIGHT, THE TOWER OF THAT CLUB (X).

5 AND 6. A RESULT OF ACTS OF INCENDIARISM: PART OF THE LARGE AREA DESTROYED BY FIRE BEHIND THE GERMAN CONCESSION

On October 18 it was reported that the rebels had attacked the Imperialists north of Hankau, two thousand loyal troops being engaged by about the same number of rebels. Forces were landed from Admiral Sa Cheng-Ping's cruisers, which also shelled the enemy. The gun-boats took comparatively little part. Afterwards came further details, which stated that the loyalists were encamped by the river railway-station, ten kilomètres from the central station. The revolutionists sent a force from Wuchang, across the Yangtse and up the river Han, by night. Their attack was made at dawn. The revolutionists drove back the loyalists until they had no more ammunition, and reinforcements for the loyalists had arrived. Then they retreated. It was generally acknowledged that the fighting had ended in favour of the revolutionists. With regard to Photograph No. 2, the following details should be given: "Kilomètre Ten station, the Imperialists' camp, is seen away in the background to the right. The railway embankment is on the left. The river is to the right."

漢口黑煙沖天

一九一一年十二月二日，英國《倫敦新聞畫報》關於
辛亥革命中漢口戰鬥的圖文報導，標題為：**戰爭之雲
籠罩漢口，砲彈引燃了大火**。其中報導了清軍和革命
軍在漢口激戰時的情景。陽夏保衛戰的初期，清軍和
革命軍的戰場主要是劉家廟車站至大智門車站一線，
民居不多，隨著革命軍的敗退，戰場從郊外轉至城
內，砲擊造成很多公共建築和民房被焚燬。圖片共兩
張，上圖是清軍水師巡洋艦開砲導致的大火；下圖是
漢口俄國領館後面一所中彈著火的倉庫。

THE CLOUDS OF WAR OVER HANKAU: FIRES CAUSED BY SHELLS.

1. CAUSED BY SHELLS FROM CRUISERS' GUNS: FIRE AT HANKAU.

2. A GODOWN SET ABLAZE BY SHELLS: A WAREHOUSE ON FIRE BEHIND THE RUSSIAN CONCESSION AT HANKAU.

At the time of going to press, the report that a massacre had taken place at Hankau on November 4 had not been confirmed. A cable of that date stated that the Han-Yang batteries had fired in error on a British river-boat proceeding towards Hankau; that the bombardment of Han-Yang by the Imperialists determined to destroy the city had been renewed on November 2, the forts there and at Wuchang replying; that many shells had fallen into the British Concession; that numerous fires had been caused; and that a shell from the rebels had pierced the deck of the British gun-boat "Woodcock" without doing serious damage. In this report it was stated that fire, breaking out again, had devastated an area two miles long by half a mile wide, and that officers had told members of the Red Cross Society that they intended to destroy Hankau completely.

共和派對抗保皇派

一九一一年十二月二日，英國《倫敦新聞畫報》關於辛亥革命中漢口戰事的圖文報導，標題為：**中國的內戰，共和對抗皇權**。其中報導了辛亥革命中武漢的戰事和外國租界的反應。漢口城區被馮國璋的軍隊放火之後，大火延燒三晝夜，整個城區一片狼藉。為了防止戰事擴大化及影響本國在漢的利益，租界內各國軍隊都在租界與華界的路口設置路障。圖片共六張，從左至右，從上至下分別為被燒燬的湖廣總督府；百姓從被燒燬的湖廣總督府衙門搬運木料；革命軍在從武昌到漢口的船上；被黎元洪用作革命軍總部的鄂軍都督府；漢口被燒燬的銀行；守衛漢口租界的英國水兵。

THE CIVIL WAR IN CHINA: REPUBLICANS AGAINST IMPERIALISTS.

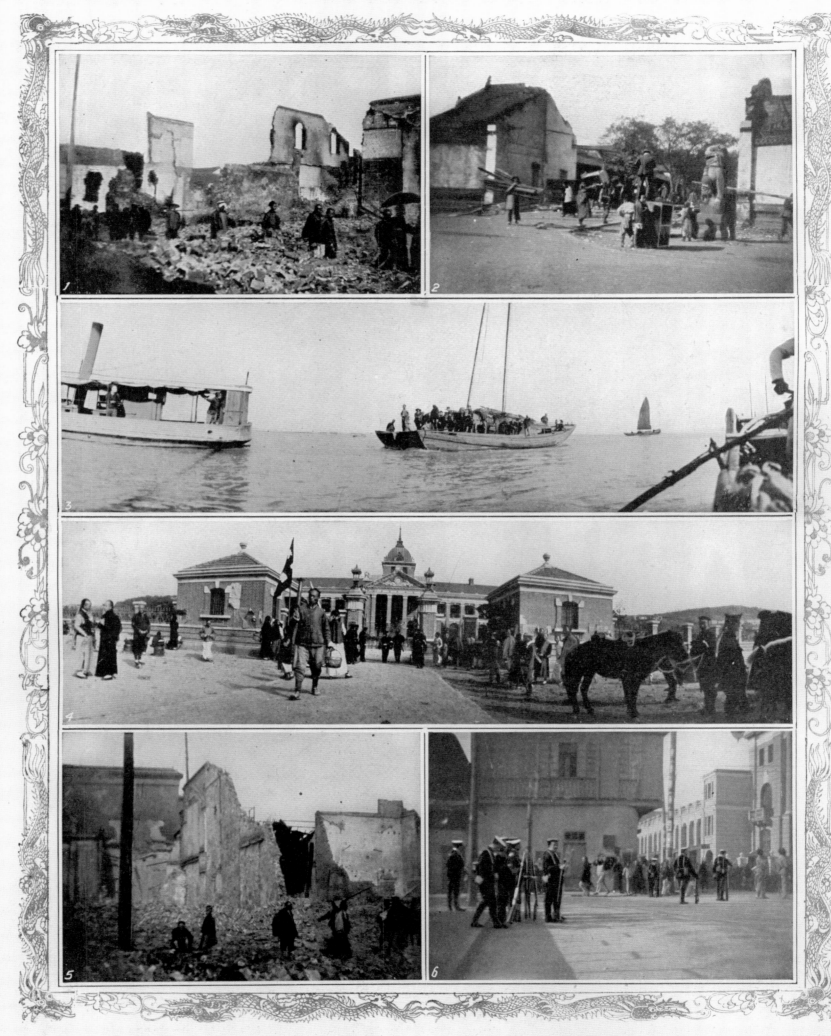

1. FALLEN BEFORE THE REVOLUTIONISTS: THE HOUSES OF THE YAMEN GUARD AT WUCHANG DESTROYED BY FIRE.

2. LOOTING: CHINESE CARRYING AWAY CHARRED WOOD AND SMALL ARTICLES FROM THE BURNT-OUT YAMEN OF THE VICEROY, AT WUCHANG.

3. REVOLUTIONISTS ON THEIR WAY FROM WUCHANG TO HANKAU: BARGE-LOADS OF REBEL SOLDIERS BEING TOWED ACROSS THE YANGTSE-KIANG.

4. USED AS THE HEADQUARTERS OF GENERAL LI-YUAN-HENG, THE REVOLUTIONISTS' COMMANDER-IN-CHIEF: THE NEW MUNICIPAL BUILDING AT WUCHANG UNDER ITS NEW OWNERS.

5. AFTER THE FIRST FIRE CAUSED BY BURSTING SHELLS: THE RUINS OF A BANK AND CASH-SHOPS AT HANKAU.

6. WATCHING THIS COUNTRY'S INTERESTS IN HANKAU: MARINES ON GUARD IN THE BRITISH CONCESSION.

Hankau and Wuchang, the former the scene of the first proclamation by the revolutionists of a Republic of China, have been the centre of much of the severest fighting during the civil war now in progress. At Wuchang the Chinese "Marseillaise" was first sung in time of battle. A translation of some of the lines of this is given as follows:—" Liberty is a giant who towers up to the clouds: The clouds are his chariots, the wind his coursers. O White

Europe, the spoiled daughter of Heaven, Thou hast bread and wine in abundance. The wind is so musical, so sparkling the dew, So fragrant the perfume of flowers, And men become all of them Kings. Yet do we not forget our nation's sufferings, Our nation which has at Peking to bow its head Before that wolf, our Emperor. Alas! Liberty is dead and Asia is a desert. Washington, Napoleon, you Sons of Liberty, Come and incarnate yourselves in us anew."

保皇派逃抵上海

一九一一年十二月二日，英國《倫敦新聞畫報》關於
辛亥革命中武昌的圖文報導，標題為：**帝國官員起身
赴任的理由**。其中引用了前任四川總督岑春煊上任時
說的一段話，用以對比說明在目前的形勢下清政府未
能及時向湖北派出能夠主持大局的官員的被動局面。
圖片共三張，從上至下分別是被革命軍砲擊後的湖廣
總督府；總督在軍隊的護送下抵達上海；百姓從被燒
燬的湖廣總督府偷運木料。

WHY THE IMPERIALISTS HAVE SLAPPED THEIR SLEEVES AND STARTED.

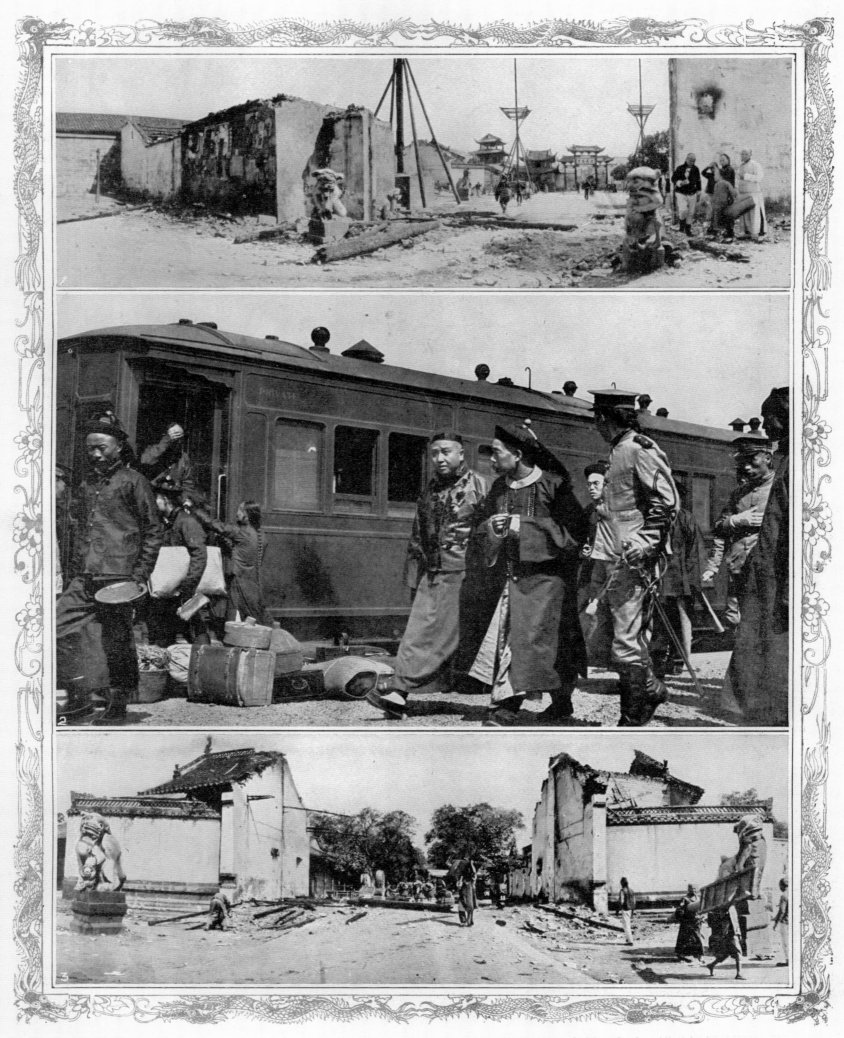

1. DESTRUCTION WROUGHT BY REVOLUTIONISTS AT WUCHANG: RUINS OF THE CHIEF OFFICIAL'S RESIDENCE, SHOWING (ON THE RIGHT) A SHELL-HOLE IN A WALL.

2. SEEKING SAFETY: PROVINCIAL VICEROYS ARRIVING AT SHANGHAI UNDER MILITARY ESCORT.

3. AFTER THE REVOLUTIONISTS HAD DONE WITH IT: THE ONLY ENTRANCE TO THE VICEROY'S YAMEN AT WUCHANG.

It is very evident from these photographs and from others published in this issue that the rising in China is every whit as serious as the reports state. They make it certain also that the Manchus did not decide any too soon to "slap their sleeves and start," to use the expression adopted by the new Viceroy of Szechuan, who, appointed to restore order after having been away from the Western Province for nine years, issued a proclamation which included the following words: "My elders and brethren, try and think what should be the feelings of me, Chun Hsuan, at this time. Age and ill-health have gained on me, and I have long done nothing in the world. But, when I think of the distracted state of Szechuan, and of my elders and brethren in the midst of this turmoil and trouble, I cannot but slap my sleeves and start."

政治體制的轉變

一九一一年十二月二日，英國《倫敦新聞畫報》關於辛亥革命的圖文報導，標題為：**中國從君主制到憲政的轉變**。其中通過報導武漢戰事的慘烈來表現這種轉變的不易。革命一定會有流血犧牲，從帝制到共和是用鮮血和生命換來的。圖片共兩張，上圖為十月十八日清軍在開砲；下圖為紅十字會在收殮死難的革命軍遺體。

THE TRANSITION FROM MONARCHY TO CONSTITUTIONALISM IN CHINA.

1. DURING THE RISING WHICH HAS GIVEN CHINA CONSTITUTIONAL GOVERNMENT IN PLACE OF MONARCHICAL: ARTILLERY IN ACTION DURING THE FIGHTING OF OCTOBER 18.

2. THE GRIM SIDE OF THE SITUATION IN CHINA: THE REVOLUTIONISTS' RED CROSS SOCIETY ABOUT TO CARRY AWAY THE BODIES OF FORTY-FIVE MEN SHOT DEAD IN AN ENGAGEMENT.

An Imperial Edict issued early this month said: "Hereafter anything which the people may suggest, if it is in accordance with public opinion, we will openly adopt. Heaven owns the people and provides rulers for them. The people's ears and eyes are Heaven's ears and eyes." The change from monarchical to constitutional government is described at length in paragraphs which end "all countries must pass through this stage. The revolutionaries of China are different from the wicked rebels of former dynasties who sought to destroy the Throne and to injure the people. . . . Surely our people will end the crisis and place the four hundred millions on the same plane as the other peoples of the world."

漢陽落入革命黨人之手

一九一一年十一月四日，英國《倫敦新聞畫報》關於
武昌起義初期革命形勢的圖文報導，標題為：**被占領
的漢陽兵工廠和漢陽鐵廠**。其中報導介紹了武漢在中
國的工業地位，特別是漢陽鐵廠和漢陽兵工廠為當時
中國的鋼鐵產量和武器製造大戶。圖片共三張，從上
至下分別是俯瞰漢陽鐵廠；孫中山肖像；在漢陽的龜
山遠眺武昌。

THE CITY OF THE CAPTURED ARSENAL AND IRON-WORKS: HANYANG.

PHOTOGRAPHS BY Dr. THOMSON AND TOPICAL.

1. IN THE HANDS OF THE REVO-LUTIONISTS: THE HANYANG IRON AND STEEL WORKS.

2. ONCE A PRISONER IN THE CHINESE LEGATION IN LONDON; NOW "NAMED" AS FIRST PRESIDENT OF THE CHINESE REPUBLIC: DR. SUN YAT SEN.

3. A CITY CAPTURED BY THE REVOLUTIONISTS: HANYANG FROM THE FOOT OF TORTOISE HILL—ON THE OPPO-SITE SIDE OF THE RIVER, WUCHANG.

It was reported last week that double shifts were being worked at the arsenal at Hanyang, one of the cities taken by the revolutionists, and that 25,000 rounds of ammunition were being turned out daily; while there were 140 field-guns ready for action. The revolutionists also, it is said, captured the Mint, with 2,000,000 taels. Hanyang gains its chief importance mainly from the arsenal already mentioned and the iron-works. Dr. Sun Yat Sen, who has been "named" as certain to be President of the first Chinese republic should the revolutionists be successful, has had a most remarkable career: but, as he is in the United States at the moment, it is obvious that he cannot be taking the all-prominent part in the present revolution which is generally assigned to him. He is best known in England from the fact that on October 11, 1896, when he was "wanted" for his part in a conspiracy in China, he was enticed into the Chinese Legation in London by a fellow-country-man, and there kept prisoner. He contrived to throw a message out of his window, and this reached his friend, Dr. James Cantlie, the well-known surgeon, with the result that such steps were taken that Sun Yat Sen was set free after twelve days' imprisonment.

戰時紅十字會的貢獻

一九一一年十二月九日，英國《倫敦新聞畫報》關於紅十字會在武昌起義間活動的圖文報導，標題為：**紅十字會在遭受戰爭的中國，一支了不起的隊伍**。其中報導為武昌起義期間，紅十字會在武漢三鎮的救助活動。武昌起義發生後，革命軍和清軍都傷亡慘重，十一月二十四日，在上海商會的支援下，由中國醫院女醫生張竹君帶領紅十字會會員一行六十五人，乘坐輪船馳援武漢，其中一名「隨行醫生」就是喬裝趕赴漢口的黃興。紅十字會在武漢三鎮做了大量的救助工作。圖片共一張，是走在上海街道正準備前往武漢的紅十字會護士。

THE RED CROSS IN WAR-STRICKEN CHINA: A REMARKABLE PROCESSION.

DRAWN BY H. W. KOEKKOEK FROM A SKETCH BY F. W. BARFF.

UNDER TWO FLAGS AND WEARING LINEN HEADDRESSES SHAPED LIKE THE LANCER'S CAP: SOME OF THE CHINESE NURSES
DURING THE PROGRESS THROUGH THE STREETS OF SHANGHAI.

It will be remembered that we published in our last issue a most interesting photograph of the Chinese revolutionists' Red Cross Society about to carry bodies from the battle-field. We are now able to give this illustration of a procession of Chinese Red Cross workers through the streets of Shanghai. Those taking part marched two and two and were very much in earnest. They were headed by a banner-bearer who was over six feet in height, and so made a conspicuous figure in his clothes of American cut. The women Red Cross workers wore a remarkable head-dress of white linen, which, as our drawing shows, was cut somewhat in the shape of the lancer's cap and was bound tightly on and about the head, so that the face alone was exposed. There were forty women in the procession and ten men, all of them Chinese. It need scarcely be said that the progress aroused much interest.

民族矛盾的激化

一九一一年十二月九日，英國《倫敦新聞畫報》關於
武昌起義傷亡情況的圖文報導，標題為：**漢人對抗滿
人，爭奪統治權的屠殺**。其中文章介紹武昌地區雙方
的傷亡情況。圖片共一張，是武昌戰事之際被抬下戰
場的傷患。

CHINESE AGAINST MANCHUS: THE MASSACRE OF THE RULING RACE.

DRAWN BY FREDERIC DE HAENEN FROM PHOTOGRAPHS.

CARRIED AWAY SLUNG FROM A BAMBOO POLE: THE BODY OF A SLAUGHTERED MANCHU
BEING BORNE THROUGH THE STREETS OF WUCHANG.

It seems scarcely necessary to emphasise the point that the present hostilities in China are directed chiefly against the Manchus, the ruling race, and that one of the earliest items of news from Wuchang, the heart of the rising, was that hundreds of Manchus had been massacred by the Chinese. Our correspondent tells us that over 800 were slaughtered. The drawing shows the body of one of these unfortunates being borne along in Wuchang in the usual Chinese fashion; that is to say, slung from a bamboo pole carried by a couple of coolies.

南京難民逃往上海

一九一一年十二月九日，英國《圖畫報》關於辛亥革命中南京情況的圖文報導，標題為：**滿清敗走，革命造成的難民。其中報導了南京的難民在碼頭等候輪船，準備逃往上海的情景**。武昌首義後，江浙滬聯軍對南京發起攻擊，鎮守南京的張勳奮力抵抗，雙方發生激烈的戰鬥，之後革命軍攻占了紫金山，最終占領南京。由於對戰爭的恐懼，大批南京的難民乘船逃往上海。圖片共兩張，都是在南京碼頭等待客輪前往上海的難民。

THE FLIGHT of the MANDARIN: FUGITIVES of the REBELLION
SCENES AT NANKING, CAPTURED BY THE REBELS

A MANDARIN'S PALANQUIN AT NANKING, READY FOR THE FLIGHT OF THE OWNER TO SHANGHAI

CHINESE ON THE LANDING-STAGE AT NANKING AWAITING A STEAMER FOR SHANGHAI

The great rebellion in China has caused many such scenes as those here depicted.   Nanking, where the pictures were taken, fell into the hands of the rebels last week after weeks of desultory fighting.
The Imperialists' last position, Purple Hill, was captured after a fierce battle.   The rebels sacked and burned the Tartar city.

四川工業的發展

一九一一年十二月十六日，英國《圖畫報》關於辛亥革命中四川的報導，標題為：**平和的中國，建立一個產業。**其中文章為介紹四川嘉陵江附近的鹽井。被稱為「千年鹽都」的四川自貢一直是中國井鹽的最大產地，相較於辛亥革命時期各地紛起的戰爭，這裡獨享著一分寧靜和平和。圖片共有兩張，上圖為運送鹽鹵而搭設的架子；下圖為俯瞰自貢鹽井。

CHINA AT PEACE: BUILDING UP AN INDUSTRY
THE GREAT CENTRE OF SALT MANUFACTURE IN SZECHUAN

In contrast to the opposite page these pictures show a scene of peaceful industry—the famous brine wells of Tsz-lin-tsing, a populous district in Szechuan, some 2000 miles from the coast, which supply the whole of Western China with salt. Here are hundreds of wells, some of them taking more than twenty years to bore, and going to a depth of 3000 feet. The brine is laboriously pumped by hand labour and buffaloes up to the tops of towers, whence it flows through bamboos to centres where it is collected in iron pans and evaporated by means of the natural gas found in many of the wells.

漢口遭到嚴重破壞

一九一一年十二月十六日，英國《圖畫報》關於漢口戰鬥的圖文報導，標題為：**中國的戰爭，漢口遭嚴重破壞**。其中文章為介紹陽夏保衛戰中漢口被破壞的情景。漢口是武漢三鎮中清軍和革命軍交戰最激烈的地方，戰火一度從北邊的劉家廟車站燒到漢口城區，最終被馮國璋的軍隊付之一炬，最後革命軍退守漢陽。圖片共有八張，從左至右，從上至下分別為革命軍在開砲；漢口城區燃起大火；清軍在開砲；示眾的頭顱；在漢口巡邏的革命軍；將被行刑的俘虜；戰場上的屍體；紅十字會的救助隊。

CHINA AT WAR: THE DESTRUCTION OF HANKOW
SCENES OF BLOODSHED, INCENDIARISM AND BARBARITY ON THE YANGTSZE

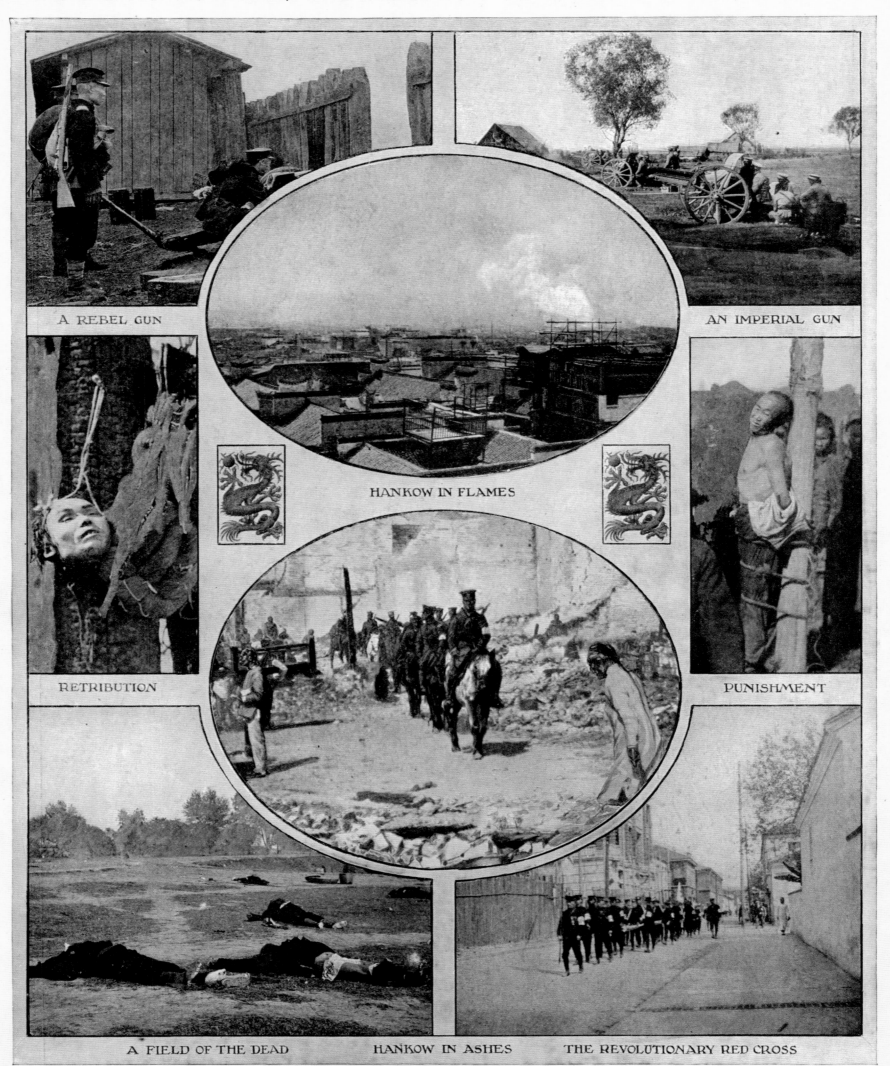

A REBEL GUN

AN IMPERIAL GUN

HANKOW IN FLAMES

RETRIBUTION

PUNISHMENT

A FIELD OF THE DEAD   HANKOW IN ASHES   THE REVOLUTIONARY RED CROSS

Hankow, one of the largest cities in China, has borne the brunt of the rebellion, having been captured early in the day by the Republicans and held by them for at least a fortnight, during which several fierce battles were fought in its vicinity.   A few days after its recapture, with terrible slaughter, two-thirds of the city were destroyed by fire, and thousands of persons lost their lives. Both sides were guilty of great barbarity, the wounded being killed and many prisoners tortured to death.   One of our pictures shows a rebel who was tied to a post and prodded with bayonets until he died.

漢口戰鬥的現場報導

一九一一年十一月二十五日，英國《倫敦新聞畫報》關於辛亥革命中漢口戰鬥的圖文報導，標題為：**中國動盪的中心，漢口的戰爭**。其中文章為介紹辛亥革命中漢口的戰鬥經過。圖片共六張，從左至右，從上至下分別為停泊在漢口港外的外國軍艦；漢口街頭新加入革命軍的百姓；黎元洪等人在戰場上；革命發生前湖廣總督瑞澂、湖北督軍張彪等人的合影；難民乘船逃離漢口；革命軍部隊準備開赴前線。

A CENTRE OF THE CHINESE UNREST: "WAR" IN HANKAU.

ILLUSTRATION No. 3 FROM A PHOTOGRAPH IN THE "CHINA PRESS" OF SHANGHAI; OTHERS FROM PHOTOGRAPHS BY C.N. AND ILLUSTRATIONS BUREAU.

1. THE SHIPS WHICH WERE REPORTED WITHOUT COAL OR RICE, AND TO HAVE FIRED SHELLS OF PAINTED WOOD: IMPERIAL CHINESE WAR-VESSELS STATIONED BELOW THE FOREIGN CONCESSIONS AT HANKAU ON OCTOBER 16.

2. THE STRENGTHENING OF THE REVOLUTIONIST FORCES: A RECRUITING STATION FOR THE REBEL ARMY AT HANKAU.

3. THE REVOLUTIONISTS' COMMANDER-IN-CHIEF IN THE FIELD: GENERAL LI-YUAN-HENG (RIGHT FOREGROUND, X) AT THE FRONT, WITH HIS STAFF.

4. LEADER OF THE IMPERIALISTS AT HANKAU: GENERAL CHANG PIAO (IN MILITARY UNIFORM).

5. WITH COFFIN ABOARD: REFUGEES FLEEING FROM HANKAU BY WATER.

6. GETTING READY TO MARCH TO THE FRONT: REVOLUTIONARY TROOPS.

When it was first announced that Hankau was in the hands of the Chinese revolutionists, it was stated that gun-boats under Admirals Sa Cheng-Ping and Cheng Yun-Ho had been ordered to the place to put down the rebellion. Not long afterwards it was reported that during the fighting in Hankau the Chinese war-vessels had fired, at all events, some shells which were nothing more dangerous than painted wood. At the same time, there was published the text of a dispatch from Admirals Sa Cheng-Ping and Jui-cheng which said that the fleet was without coal or rice, that Admiral Jui-cheng's own gun-boat was without rice or oil, and that those concerned were awaiting death. At the moment of writing, fighting is still going on in Hankau and its neighbourhood. The rebel general, Li Yuan-Heng, is a native of the province of Hupeh, and is forty-eight. Before being transferred to the army, he was in the Chinese navy. He was educated at Tientsin, and has visited this country. General Chang Piao, who was the commander of the troops at Wu-chang when the rebels first proclaimed a republic, and during the first fighting at Hankau, was reported to have been cashiered in the early days of the revolution, but evidently was in the field after this in the interests of the Imperial cause. He is described as a brave and able soldier. On October 16 there were eleven Chinese cruisers and torpedo-boats at Hankau. The large steamer seen near the water-front in the top photograph is the "Belgravia," chartered for the use of foreigners if flight should become necessary.

清軍的偵察兵

一九一一年十二月九日，英國《圖畫報》關於英國的
對外政策。圖片共三張，下圖是清軍在漢口的偵察騎
兵。

MAHMOUD NADJI
who represents Tripoli in the Turkish Chamber of
Deputies, and has much influence with the Senussi
chieftains. He is in favour of prolonging the war
with Italy to the bitter end

HAVE WE BEEN DUPED IN PERSIA?

OUR FOREIGN POLICY CRITICISED BY LUCIEN WOLF

GENERAL CHERIF PASHA
son of a former Turkish Foreign Minister, who is
conducting from Paris a campaign against the Com-
mittee of Union and Progress, and has recently been
deprived of his titles and decorations.

One of the obfuscating elements in our new foreign politics is its pretentious but singularly indefinite terminology. We are playing with phrases without knowing, or troubling to know, what they mean. Our excellent Foreign Secretary, when he talks of the Triple *Entente*, is very much like Sir William Gilbert's oracular libertine in "The Force of Argument":

> "It's a highly æsthetical bond,
> As any mere ploughboy can tell."
> "Of course," replied puzzled old Pond,
> "I see," said old Tommy Morell.

Our Ponds and Morells have been cheering Sir Edward Grey's "triumph" with lyrical enthusiasm, but without telling us very precisely what they understood by it. Now the doubters are beginning to ask questions. M. Hanotaux last week inquired blandly whether somebody would have the kindness to tell him exactly what the phrase "*Entente Cordiale*" means in diplomatic practice. He has not yet had any reply. I am in the same state of perplexity in regard to another of these blessed formulæ. What is "continuity of policy"? If anybody ventures to express a doubt as to the entire wisdom of anything that Sir Edward Grey says or does, he is at once met with a severe frown and the Abracadabra, "Continuity of Policy." But what *does* it mean?

Now, I am not asking this question in any polemical spirit. In course of time, as Oliver Wendell Holmes has shown us, words and phrases often get "polarised" to all sorts of capricious and even irreconcilable significations, and I am quite prepared to hear that "continuity of policy" means something utterly different from what it seems to mean, and to accept it in that sense. But whatever its interpretation, let us have it in clear and precise terms, and let us be sure that it is consistently applied according to these terms. What makes for so much perplexity at the present moment is that on the so-called principle of "continuity of policy" the Government is doing things which in one place are continuous and in another are not, and in a third are a bewildering jumble of both. The new Morocco settlement is, of course, a "continuity" of Lord Lansdowne's policy of 1904, though it had an ugly break in 1906, when Sir Edward Grey signed the Act of Algeciras, which was partly a reversal of Lord Lansdowne's policy, and partly a repudiation of Lord Palmerston's. But what about Persia? In what respect is our present policy in Persia a "continuity" of Lord Lansdowne or of Lord Salisbury, or Lord Granville, or Lord Palmerston—all of whom had to deal with the question—or of Sir Edward Grey himself?

The difference between Persia and Morocco is this: Whereas in the case of Morocco we reversed our traditional policy of "integrity and independence" in favour of France, in the case of Persia we upheld it in friendly agreement with Russia. The one transaction was negotiated by Lord Lansdowne, the other by Sir Edward Grey,

CHINA UNDER ARMS: ONE OF THE IMPERIALIST SOLDIERS AT HANKOW

but there is no reason to suppose that in its main principle the Persian Agreement was not a "continuity" of Lord Lansdowne. So far everything is clear. The puzzle comes when we note the application of the two arrangements. In execution of the 1904 Agreement France has very cleverly manœuvred herself into a Protectorate of Morocco, and we have quite legitimately—that is, if we ignore Algeciras—recognised the *fait accompli*. That is comprehensible on the basis of the ostensible meaning of "continuity." In Persia, however, the very reverse has happened. Though our Agreement of 1907 with Russia contained stipulations which placed her in Persia in a position exactly the opposite of that of France in Morocco, she has followed precisely the same tactics as the French in that country. In the same way as France found an excuse for occupying the Shawia, Russia ferreted out a pretext for seizing Tabriz and overrunning Azerbaijan. She has now sent an army to Teheran in the same way as France sent an army to Fez, and from the terms of the ultimatum which preceded the expedition there can be no doubt that she contemplates a Protectorate—at least, in the North. What becomes of the principle of "continuity" here?

Whatever the explanation, there can be no doubt of the serious dangers to which the action of Russia in Persia will expose the strategical and commercial interests of this country. Even if the Russians comply with the letter of their Treaty obligations and evacuate Teheran and abstain from a formal Protectorate, the situation will still be a bad one for us. Russia will be as much the ruling power in Teheran in future as we are in Cairo; and since Teheran is the capital and the seat of

Government, she will indirectly govern the British sphere and the neutral sphere as well as her own. We may, of course, secure some sort of condominium; but after the events of the last four years it is hopeless to prevent Russia from always having the odd trick, and if we do not quarrel with her it will only be because we shall always yield to her. Nor are the alternatives any more inviting. To quarrel with Russia at this moment would add very considerably to the delicacy of the whole international situation. The only other course is a partition of Persia, which would be supremely offensive to the traditions and conscience of this country, besides ruining our Persian trade and adding enormously to our military burdens.

I have no doubt in my own mind that Russia is playing, and has been playing all along, for Partition. The measure of her probable gain under such a transaction may best be indicated by the measure of our certain loss. In the first place, Northern Persia, where we have a large volume of trade and a considerable amount of capital invested, would become a closed market for the benefit of Russia and—under the Potsdam Agreement—Germany. It is interesting to note in this connection that there are no stipulations for the Open Door and Equality of Opportunity in the 1907 Convention similar to those which Lord Lansdowne thoughtfully inserted in the Convention with France in 1904. Then there would be the question of the Neutral Zone to be settled. This has always been regarded in Russia as a means of reserving an eventual access for her to the Gulf, and we may be certain that she will propose to divide it in such manner as to give her that access. Finally, Partition will necessarily make for a long conterminous Anglo-Russian frontier, which will be contrary to all our traditions of Indian defence, and will, besides, require a largely increased Indian army to watch and, perhaps, defend it. The outlook is thus a very grave one, and not the least repellant of its features is the odium which this Asiatic replica of the partition of Poland must bring upon us in the eyes of the world.

The truth is that Sir Edward Grey has been abominably duped. I don't blame Russia, for, in truth, she could not act differently. She has always had her eye on Persia, and we have always known it, and until four years ago we took our precautions accordingly. Sir Edward Grey's blunder consists in having imagined that an *entente cordiale* would cure Russia of her covetousness, and dispense us from the vigilance which since 1833 we had never abated for a moment. The blunder was all the more *naïve* because since the expulsion of Russia from the Liao-tong peninsula she has had no way of reaching warm water except through Persia, while her insistence in 1907 on a neutral zone covering the whole of the northern littoral of the Persian Gulf, showed clearly enough the direction in which her mind was working. Nor was he wholly dependent on these inferences. When the Convention of 1907 was signed, the *Novoye Vremya* blurted out the real explanation of the Neutral Zone by declaring that it reserved "our right to find an outlet for ourselves in the North-Western portions of the Persian Gulf." I quoted this sinister confession in this page at the time, and Lord Curzon, it will, perhaps, be remembered, called the attention of the Government to my quotation in the House of Lords. The Government, however, pooh-poohed Lord Curzon's alarm. Now, as a friend of mine in Teheran wrote to me the other day, "the march to the Gulf has begun," and in the present inextricable muddle of our foreign relations it is difficult to see how we can stop it.

As an object-lesson in the working of our new policy of Alliances this Persian business is decidedly malicious. Even the most fire-eating Teutophobe and Equilibrist must begin to feel that there is something wrong about a policy which thus operates so disastrously to our disadvantage, and not only to our disadvantage but at the same time very largely to the advantage of Germany. Sir Edward Grey now talks of the necessity of a new "solution." For the life of me I cannot see how he is to get it. To persuade Russia is impossible, for she will simply say that she is quite satisfied with the present situation. To bully her is equally out of the question, for in that case we should find ourselves back to Splendid Isolation with a vengeance. All the other Powers are interested in supporting Russia, and one of them at least would welcome the opportunity of putting a spoke or two in our wheels.

革命軍人占領南京

一九一二年一月六日，英國《倫敦新聞畫報》關於革命軍攻陷南京的報導，標題為：**在中國建立共和？南京的陷落**。其中文章簡略分析了當時的革命形勢，猜測孫中山將在上海或南京就任共和之中國第一任總統。在武昌起義爆發不久，江浙滬聯軍也向南京發起攻擊，遭到兩江總督張人駿、鐵良和張勳部隊的頑強抵抗，經過十天的戰鬥，革命軍終於攻占南京。圖片共一張，是革命軍十二月二日進入南京太平門時的情景。

MAKING CHINA A REPUBLIC? THE FALL OF NANKING.

DRAWN BY FRÉDÉRIC DE HAENEN FROM A SKETCH BY OUR SPECIAL ARTIST IN CHINA.

THE FATEFUL 2ND OF DECEMBER: GENERAL LING'S TROOPS ENTERING THE TAIPING-MEN GATE.

Our Artist writes: "I enclose a sketch of the entry of the Revolutionary troops at the Taiping-men Gate. This is very instructive, as it shows the shell-marks on the wall and in the Gate." It will be recalled that the announcement that Nanking had fallen into the hands of the Revolutionists came on December 2. On the 3rd the Tartar city within the walled town was sacked and burned by permission of the authorities. Save for that the occupation took place quietly and systematically, and business was soon resumed. Out of this fall, and of others, came the confidence which recently announced once again the formation of a Chinese Republic, this time with Dr Sun Yat Sen as first President, and brought about the promise of a National Convention, which is to meet before long at Shanghai or Nanking, to decide, if possible, the future form of government in China.

革命軍和清軍互有勝負

一九一二年一月六日，英國《倫敦新聞畫報》關於辛
亥革命中南京之戰的圖文報導，標題為：**雙方都有勝
利，清軍和革命軍都成功了**。其中文章介紹了南京紫
金山、獅山的攻堅戰。圖片共兩張，都是革命軍進攻
的手繪形勢圖，圖中標註了砲臺、軍艦等戰略地點的
位置。

TO EACH SIDE A VICTORY: IMPERIALIST AND REBEL SUCCESSES.

DRAWN BY H. W. KOEKKOEK FROM SKETCHES BY SPECIAL CORRESPONDENTS IN CHINA.

THE TORPEDO AND MINING DEPÔT AT NANKING BLOWN UP BY THE IMPERIALISTS WHILE HELD BY THE REVOLUTIONISTS:
THE GREAT EXPLOSION NEAR LION HILL AND TIGER HILL.

TAKEN BY SHANGHAI TROOPS UNDER GENERAL HUNG: THE CAPTURE OF PURPLE HILL BY THE REVOLUTIONISTS ON NOV. 30.

The correspondent who sends us the sketch for the first drawing writes: "At 12.10 p.m. on Sept. 30, a terrific explosion was heard in the direction of Lion Hill. It was found that this was caused by the Imperialists blowing up the torpedo and mining depôt, which was captured from them by the rebels in the early stages of the Revolution. In this depôt, which was outside the city walls, was a very large quantity of gun-cotton for mining and torpedo purposes. It was important that the rebels should take the depôt, as this would mean the abolition of the risk of their ships being mined. It has not yet been discovered how the Imperialists blew up the depôt, but it is thought that they laid a fuse during the night. The extent of the explosion can be gauged by the height of Lion Hill, which is about 600 feet." Of the sketch for the second drawing, our correspondent writes: "Fujwei San Fort was captured at 6 a.m. next morning. Revolutionary losses were between 80 and 120. Imperialist losses unknown; but forty or fifty dead seen on the hill next morning."

革命軍攻克南京紫金山

一九一二年一月六日，英國《倫敦新聞畫報》關於辛
亥革命中南京之戰的圖文報導，標題為：**攻克南京的
關鍵，占領紫金山**。其中文章是關於攻堅南京紫金山
的報導。圖片共兩張，都是革命軍攻占紫金山後的素
描，不僅有藝術化的處理，而且準確的表現了南京的
地理形勢，標註了重要的戰略地點。

TAKING THE KEY TO NANKING : THE CAPTURE OF PURPLE HILL.

DRAWN BY A. FORESTIER FROM SKETCHES BY OUR SPECIAL ARTIST IN CHINA.

1. ON THE SUMMIT OF PURPLE HILL : CHINESE REVOLUTIONARY TROOPS ADVANCING AGAINST THE IMPERIAL TROOPS HOLDING THE WEST END OF THE HILL.

2. FIRING ON THE EAST GATE, THE TAIPING - MEN GATE, AND THE HEAVY BATTERY : CHINESE REVOLUTIONARY TROOPS IN ACTION ON PURPLE HILL, THE KEY TO NANKING.

Our Artist writes, in a letter announcing the coming of the sketches from which these drawings were made : " Purple Hill, at the east of Nanking City, was stormed on the afternoon of Thursday, the 30th of November. I witnessed this. . . . I ascended the hill with the Revolutionaries, and left it at dark. The east end of the hill was not taken till the 1st of December, at 6 a.m. The sketch shows the city wall, with the east gate at about the centre. Behind the figures on the right, and below, can be seen the heavy battery. These shelled the troops on Purple Hill on the 30th. On the left below, on a wooded spur, are the Ming Tombs. The troops near this, in the distance, are General Hsu's, advancing against the city. Round the tents was much broken débris, and on the hill were forty or fifty dead scattered about. The men seen in the centre are firing over a rough stone wall. The country outside the city walls is flat up to the distant hills." The sketch for the first drawing here shown was made on the summit of Purple Hill at 4 p.m. on November 30.

北京爆發大火災

一九一二年一月二十日，英國《圖畫報》關於北京城裡爆發大火的圖文報導，標題為：**一場驚擾了中國皇帝的大火**。其中文章介紹了一九一一年十二月初刑部在半夜突發大火，因為緊鄰皇城，引起了皇室的恐慌。因為此時正值辛亥革命期間，百姓紛紛猜測大火為革命黨所放，更加重了皇室的緊張。圖片共一張，是消防隊正在滅火。

A FIRE THAT FRIGHTENED THE EMPEROR OF CHINA
THE CONFLAGRATION AT THE LAW COURT BUILDINGS, NEAR THE PALACE

Great excitement prevailed in Peking on the night of December 7-8, owing to a fire breaking out in the Law Court Buildings, which are in close proximity to the Imperial Palace. Some of the buildings were gutted, but the main edifice, erected in the European style and still unfinished, was saved. The fire was said to be the work of incendiaries, every unusual occurrence being attributed to the Revolutionists by the terror-stricken Pekingese.

DRAWN BY FRANK DADD, R.I., FROM A SKETCH

刺殺袁世凱事件

一九一二年二月十日，英國《倫敦新聞畫報》關於刺殺袁世凱行動的圖文報導，標題為：**未遂的刺殺袁世凱行動**。其中文章介紹了一九一二年一月十六日袁世凱遭刺殺的情形。當日上午，袁世凱乘馬車由東華門到外務部新衙門辦公。剛走過東華門大街和王府井大街路口的三順茶葉店門口，突然一顆炸彈從路邊人群中扔了過來，袁的馬車走得快，炸彈沒有擊中。投來的第二顆炸彈擊中了馬車，袁未受傷，但是炸傷了袁的衛隊及平民，袁的管帶袁金標後來不治身亡。隨即大批軍警前住出事地點搜查刺客，當場就捕獲了張先培、黃之萌、楊禹昌等十人。當天就有法國新聞記者保釋了其中的七人，只有張先培、黃之萌、楊禹昌三人因當場被搜出武器判處死刑，當天執行。圖片共七張，從左至右，從上至下分別為在爆炸發生地向東看；爆炸發生地三順茶葉店門口；爆炸發生地的員警；竹筐罩著未爆的炸彈；被炸死的衛隊馬匹；員警和被炸死的馬匹；三順茶葉店。

THE BOMB-ATTEMPT UPON YUAN-SHI-KAI, REPUBLIC-FORMER.

1. THE SENTRY-BOX WHICH SAVED YUAN-SHI-KAI'S LIFE BY SPOILING THE AIM OF THE BOMB-THROWERS: THE SCENE OF THE OUTRAGE: SHOWING, ON THE LEFT, A HYDRANT WITH ITS WOODEN COVER SHATTERED BY THE EXPLOSION.

2. SHOWING, ON THE LEFT, THE TEA-SHOP FROM WHICH THE BOMB-THROWERS CAME, INTO WHICH THEY FLED, AND IN WHICH THEY WERE ARRESTED: THE SCENE OF THE OUTRAGE IN WANG-FU STREET.

3. SOON UPON THE SCENE AND SMILING AS HE MOUNTED GUARD OVER THE PRISONERS: THE HIGH EXECUTIONER AWAITING ORDERS AFTER THE OUTRAGE.

4. UNDER A BASKET AND PROTECTED BY A TRIPOD: A BOMB WHICH DID NOT EXPLODE, GUARDED BY CHINESE SOLDIERS OPPOSITE THE TEA-SHOP (X).

5. AFTER THE EXPLOSION: THE HORSE OF ONE OF YUAN-SHI-KAI'S ESCORT STRETCHED DEAD IN THE ROADWAY AFTER THE BOMB-THROWING.

6. SIGN OF THE SERIOUSNESS OF THE AFFAIR: A HORSE OF YUAN-SHI-KAI'S ESCORT DEAD ON THE SCENE OF THE OUTRAGE.

7. SHOWING THE DAMAGED DOORS AND THE POLICE GUARD: THE TEA-SHOP INTO WHICH THE BOMB-THROWERS FLED.

It was reported the other day that the Dowager-Empress of China had issued an unpublished edict instructing Yuan-Shi-Kai to establish a Republic in co-operation with the Southern Republicans, and that that personage was then seeking to persuade the Nanking Government to allow him to administer the affairs of the whole of China pending the National Convention's appointment of a permanent Government and its adoption of a Constitution. He is not likely to find the way he is treading paved with anything but thorns. There is no doubt that his life is in constant danger. Witness the occurrence of January 16, when he narrowly escaped assassination in Peking. Three bombs were thrown at his carriage as he was driving through Wang-fu Street after a conference at the Palace; and some twenty people, including members of his escort and police, were injured, several dying from their wounds. The bombs, which were about the size of a condensed-milk tin, contained a powerful explosive. One failed to explode, and the other two, being badly aimed, fell behind the Premier's carriage. The assassins came out from a tea-shop as he approached, and after throwing the bombs rushed back into it and were arrested there.

中國歷史最偉大的變革

一九一二年二月十七日，英國《倫敦新聞畫報》關於
清帝退位的圖文報導，標題為：**歷史上最偉大的變
革，中國建立共和**。其中文章為清帝宣布退位，滿清
結束中國統治的報導。一九一二年二月十五日，由隆
裕太后代為宣布的《退位詔書》標誌著統治了中國兩
百六十七年的清王朝結束，中國建立共和，也標誌著
辛亥革命的勝利。圖片共八張，從左至右，從上至下
分別是頤和園十七孔橋；正在修建的光緒陵墓；頤和
園中慈禧的遊船；頤和園佛香閣；載灃與其子溥儀、
溥傑的合影；溥儀繼任皇位之前在醇親王家中的照
片；天壇內的寶座；廣州的一處庭院（該報錯誤標註
為北海裡的花園）。

THE MOST WONDERFUL CHANGE IN HISTORY: CHINA BECOMES A REPUBLIC.

1. IN THE GROUNDS OF THE PLACE OF THE CHILD-EMPEROR'S RETIREMENT: A SUPERB MARBLE BRIDGE OF THE SUMMER PALACE.

2. THE £360,000 IMPERIAL TOMB THE REPUBLICAN GOVERNMENT HAVE GUARANTEED TO COMPLETE: THE MAUSOLEUM OF THE LATE EMPEROR KUANG-HSU UNDER CONSTRUCTION, SHOWING THE TEMPORARY ROOFS.

3. A LUXURY THE EX-EMPEROR WILL PRESUMABLY BE ALLOWED TO CONTINUE: HIS MAJESTY'S STATE BARGE.

4. SPLENDOUR THAT WILL BE THE BOY-EMPEROR'S IN HIS RETIREMENT: A PORCELAIN TOWER OF THE SUMMER PALACE.

5. NO LONGER POWERS IN CHINA: THE REGENT, PRINCE CH'UN, WITH HIS TWO SONS, THE EMPEROR (STANDING) AND PRINCE P'U CHIEH.

6. TO BE ACCORDED THE HONOURS DUE TO A FOREIGN SOVEREIGN: PU-YI, THE EMPEROR OF CHINA, WHO HAS ABDICATED.

7. IN THE TEMPLE OF HEAVEN, PEKING: THE EMPEROR'S CHAIR.

8. NO LONGER THE EMPEROR'S: IN THE GARDENS OF THE WINTER PALACE, PEKING.

Never, perhaps, has the world known so extraordinary a revolution as that which has turned the Chinese Empire into a Republic. On February 12, the Manchu dynasty ended its 267 years' rule. Each of the three edicts announcing the abdication of the Imperial House began in the usual manner: "The Emperor has reverently received commands from the Empress-Dowager as follows." The first edict states that the future form of government in China is to be that of a Constitutional Republic, that the five races of which the Empire is composed are to continue as a homogeneous united dominion constituting the great Republic of China, and that the Emperor and the Empress-Dowager retire. The second expresses approval of the terms of treatment guaranteed by the Republic to the imperial House after abdication. The third exhorts officials and people to remain tranquil. The Emperor is to bear the title of Manchu Emperor. He will reside in the Summer Palace, with a powerful Imperial bodyguard, and will be accorded the honours due to a foreign Sovereign.

Nos. 5 and 6 Reproduced from Messrs. J. O. P. Bland and E. Backhouse's "China Under the Empress Dowager," by Courtesy of the Authors and of the Publisher, Mr. William Heinemann; Photographs Nos. 1 and 4 by Underwood and Underwood, No. 3 by White and Co., No. 7 by Record Press, and No. 8 by Spero.

刺殺袁世凱的疑雲

一九一二年二月十七日，英國《圖畫報》關於刺殺袁
世凱的圖文報導，標題為：用炸彈革命，試圖刺殺中
國的總理。其中文章為刺殺袁世凱行動的介紹。圖片
共五張，從左至右，從上至下分別為用竹筐罩著的未
爆炸彈；被炸死的衛隊馬匹；守候的員警；爆炸發生
現場；圍觀的百姓。

REVOLUTION BY BOMB: *The Attempt on the Life of the Chinese Premier*

ONE OF THE BOMBS CAPTURED BY THE POLICE

THE HORSE THAT WAS KILLED BY THE EXPLOSION

THE SHOP IT BLEW UP

POLICE AND SOLDIERS PATROLLING THE MAIN ROAD TO THE FORBIDDEN CITY

THE CROWD LOOKING UP THE STREET CLEARED BY THE SOLDIERS AND POLICE

The attempted assassination of Yuan Shi-Kai on January 16, when returning from an audience at the Palace, caused great excitement in Peking, and although the Premier escaped without injury, twenty persons, including members of his bodyguard, were wounded, one dying shortly afterwards. Three bombs in all were thrown, each by a separate individual, all three being afterwards arrested.

袁世凱就任中華民國大總統

一九一二年二月二十四日，英《倫敦新聞畫報》關於
袁世凱就任中華民國大總統的圖文報導，標題為：**一
個延續了兩百六十七年朝代的追隨者**。其中文章為袁
世凱就任中華民國大總統的報導。一九一二年二月十
五日，南京參議院正式選舉袁世凱為中華民國臨時大
總統，次年就任大總統，獲得各國的認同。圖片共一
張，是袁世凱的肖像畫。

FOLLOWER OF A DYNASTY WHICH ENDURED FOR 267 YEARS.

DRAWN BY A. C. MICHAEL.

OMNIPOTENT; THEN AN EXILE; NOW IN POWER AGAIN: YUAN SHI KAI, PRESIDENT OF THE PROVISIONAL GOVERNMENT OF THE CHINESE REPUBLIC.

Yuan Shi Kai, elected President of the Provisional Government of the Chinese Republic in place of Dr. Sun Yat Sen, who resigned in his favour in company with the Revolutionary Cabinet, has cut off his pigtail, the badge of Manchu servitude; although he still shows strong desire not to wound the feelings of the fallen, by deprecating any general rejoicings over his occupancy of the Presidency. He it was, it will be remembered, who was called out of exile by the Imperialists in the early stages of the crisis to become Viceroy of Hunan and Hupeh, and suppress the growing rebellion. Into this exile he had been sent in January of 1909, when he was handed an edict which told him that, as he was unexpectedly suffering from an affection of the foot which made it difficult for him to go about his duties properly, he must resign. Under the late Dowager-Empress he was practically omnipotent; and he it was, it is said, who arranged the three Edicts in which the Manchu dynasty announced the end of its 267 years' rule. The first of these contained the passage: "Let Yuan Shi Kai organise, with full powers, a Provisional Republican Government, and let him confer with the Republicans on the methods of establishing a union which shall assure the peace of the Empire, and of forming a great Republic uniting Manchus, Chinese, Mongols, Mohammedans, and Tibetans."

剪掉被奴役的標誌

一九一二年三月二日，英國《倫敦新聞畫報》關於民國建立之初社會變革的圖文報導，標題為：**強迫獲得的自由，徹底丟掉被奴役的標誌**。其中文章為共和建立之初中國社會發生的變革。滿清入關後強迫漢人蓄辮，「留頭不留髮，留髮不留頭」。辮子一直是外國人眼中中國人的形象，一度是不文明的代名詞。民國成立之後，第一件事就是剪除象徵滿清的辮子。還有一些人對共和還沒有適應，在街頭很不情願的被員警強行剪掉辮子。圖片共一張，是南京街頭員警給路人剪辮子的情形。

FREEDOM BY FORCE: COMPELLED TO LOSE A BADGE OF SERVITUDE.

AFTER A PHOTOGRAPH BY THE RECORD PRESS.

MADE TO WALK ABROAD AN OBVIOUS REPUBLICAN: A CHINAMAN, UNWILLING TO HAVE HIS PIGTAIL REMOVED,
LOSING IT AT THE HANDS OF SOLDIERS.

Most of the Chinese have taken kindly to the abolition of the pigtail, and have willingly had their queues removed, in a desire to rid themselves of the ancient sign of servitude to the Manchus, and to appear as true Republicans. Others, more conservatively minded, have wished to retain their pigtails. To these the soldiery in Nanking, at all events, have been paying attention, relieving them of their pigtails by force. It is interesting to remark that the cutting off of the queues has had one curious effect on trade, and is, it is said, to have another. There has already been a most unusual demand for foreign hats and caps in China: the American Consul at Hongkong points out that recently one store alone sold over 600 dozen felt hats and over 1000 dozen caps in a week. And there is a report that false hair of the coarser kind is likely to be decidedly cheap for a while, the supply from China being so abnormal,

REPUBLICAN CHINA AS TURBULENT AS CHINA IN TRANSITION? IN PEKIN

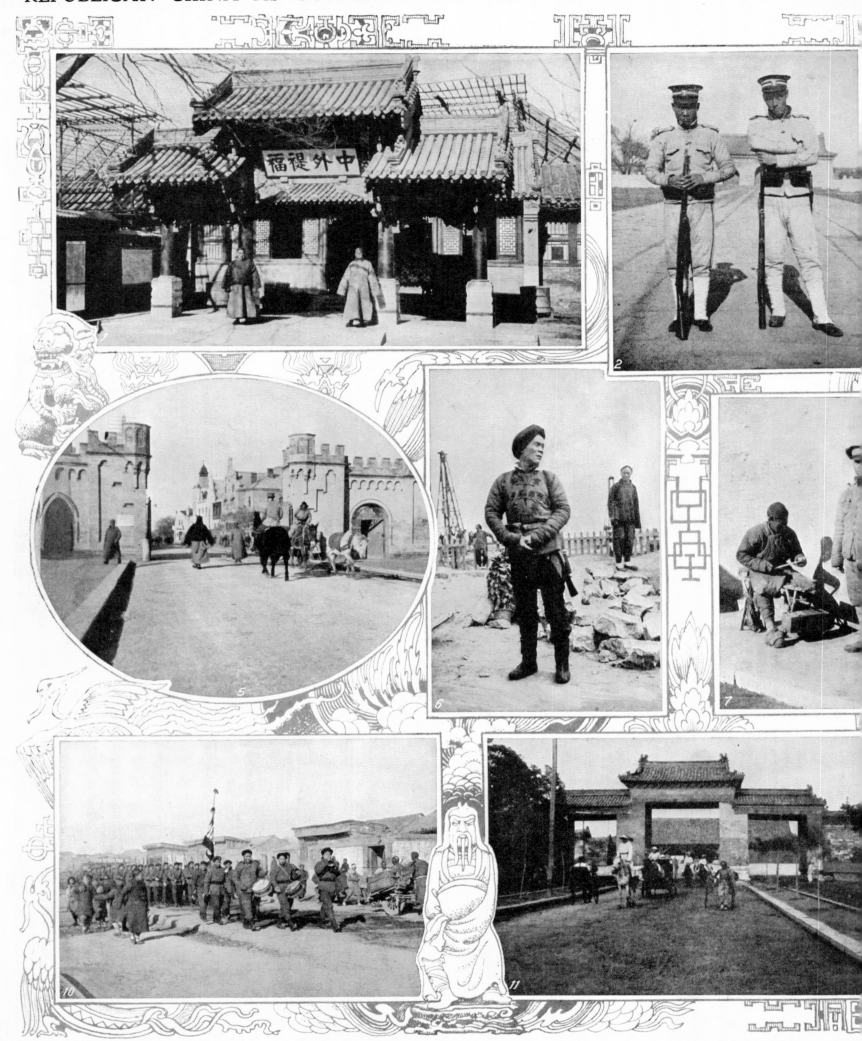

1. THE CHINESE FOREIGN OFFICE, INTO WHOSE COMPOUND REBELLIOUS SOLDIERS DARED TO CARRY THEIR LOOT: THE ENTRANCE TO THE WAI-WU-PU, THE NEW BUILDING IN WHICH YUAN SHI KAI RESIDES.
2. FORMERLY OF THE PALACE GUARD; NOW USED TO SUPPLEMENT THE PEKING POLICE: MEN OF THE PU-CHUN, WHO HAVE HAD A SHORT TRAINING ON MODERN LINES.
3. AN OFFICIAL AND A CIVILIAN OF THE CITY: A POLICE OFFICER AND A CHINESE DWELLER IN PEKIN.
4. A HINT FROM LONDON'S PROCESSIONAL-ROUTE METHODS? GATES SET UP IN THE BUSINESS QUARTER OF THE CITY TO STOP CROWDS OF LOOTERS RUSHING THROUGH THE STREETS.

5. GROUND EVEN THE MOST REBELLIOUS HESITATE TO TOUCH: THE EAST ENTRANCE THE LEGATION QUARTER, SHOWING THE BATTLEMENTED GATES.
6. OF A FORCE SOME MEMBERS OF WHICH HAVE INDULGED IN BRIGANDAGE SINCE DISORGANISATION BROUGHT ABOUT BY THE REVOLUTION: A MAN OF THE OLD ST RURAL GUARDS.
7. A MAKER OF KEEN WEAPONS AND USERS OF THEM: SOLDIERS OF YUAN SHI K TROOPS AND A KNIFE-GRINDER WHO DOES A BRISK TRADE IN SHARPENING BAYON WORK ON WHICH HE IS SEEN ENGAGED.

A telegram, dated Peking, February 29, and sent to the "Times" by its correspondent, stated that the Third Division, regarded as Yuan Shi Kai's most trustworthy troops, and some of the Prem own bodyguard, had revolted, and were engaged in looting and burning. Great damage to property was the immediate result, and matters were not made easier of control by the fact that a numb police joined the rebellious soldiers. Foreigners were not molested; but all living outside the Legation area were escorted into it if they so desired. Rioting continued to such an extent that martial was proclaimed; while it was decided on March 2 to maintain wireless communication between the Legation quarter and the Japanese cruiser at Taku, to increase the Legation guard by 1000 men

HICH HAS BEEN SUBJECTED TO SERIOUS MILITARY RIOTING AND LOOTING.

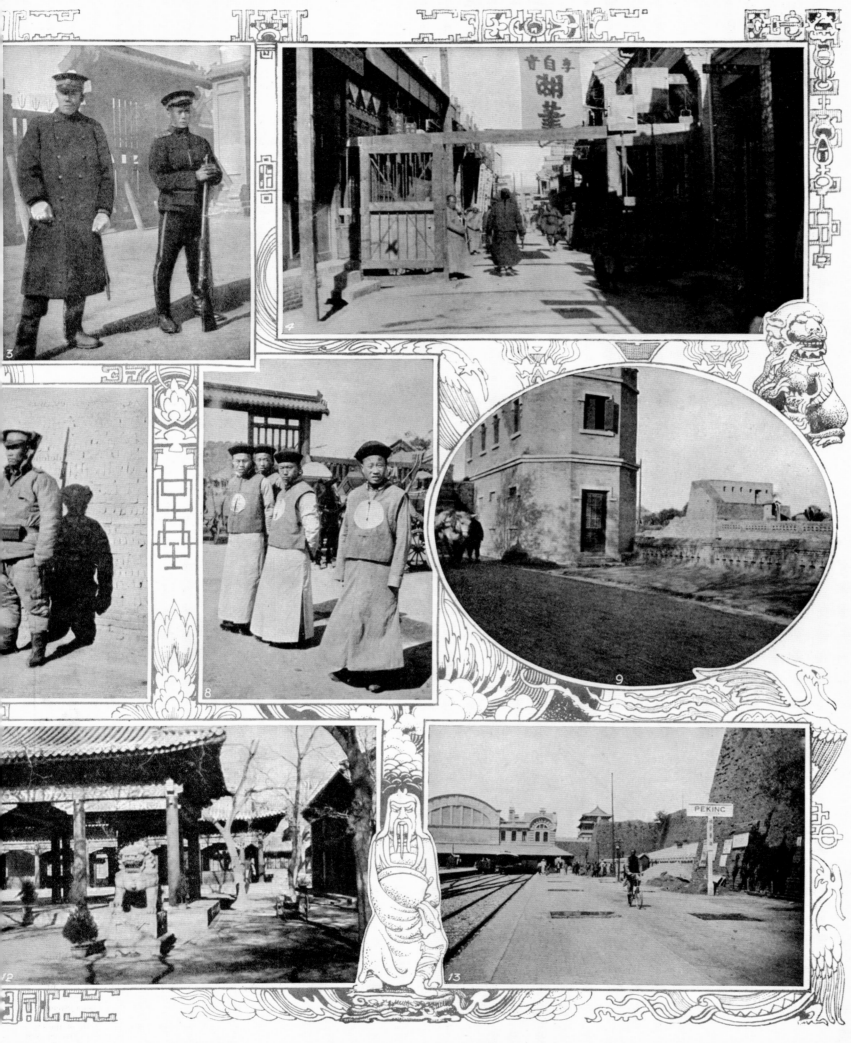

TURESQUE OFFICIALS OF THE DISTURBED CAPITAL OF CHINA: WATCHMEN OF THE TY OF PEKING.

THE EDGE OF "FOREIGN" PEKING: FORTIFICATIONS OF THE BRITISH AND ITALIAN ND OF THE STREET LEADING FROM THE NORTHERN PART OF THE CITY INTO THE EGATION QUARTER.

OOPS GIVEN CONTROL OF PEKING AFTER THE REBELLION OF YUAN SHI KAI'S MEN: LD STYLE, TURBANED, PROVINCIAL TROOPS, COMMANDED BY CHIANG KWEI-TI, MARCH-NG THROUGH THE CITY.

11. IN THE IMPERIAL CITY IN WHOSE HEART THE FORBIDDEN CITY STANDS: A HIGH OFFICIAL'S CARRIAGE PASSING THROUGH THE EAST GATE WITH A MOUNTED ESCORT.

12. FORMERLY THE PALACE OF A MANCHU PRINCE: IN THE GROUNDS OF THE BRITISH LEGATION COMPOUND AT PEKING.

13. GUARDED FROM THE CITY TO THE SEA BY FRENCH, GERMAN, AMERICAN, BRITISH, RUSSIAN, AND JAPANESE TROOPS: THE RAILWAY LINE (AND THE MODERN STATION) AT PEKING, WHICH WAS BROUGHT TO THE "FRONT GATE" OF THE CITY BY THE FOREIGN TROOPS IN 1900.

n, and to march as many Legation guards as possible through the native city daily by way of demonstration of power. Thus it came that on March 3, for instance, 700 men, mounted and foot, machine-guns, a body representing the guard of nine Legations, marched round the Imperial City and through the main streets, to the comfort of the people. A "Times" telegram of that day said der had been restored; continuing, "the guilty soldiers escaped scot-free, but a considerable number—probably 100—of Chinese alleged looters were summarily executed. Amongst them were only one soldiers, the great majority being poverty-stricken men and some women who had picked up scraps among the ruins."

北京兵變的詳細報導 _(90頁圖)

一九一二年三月九日，英國《倫敦新聞畫報》關於北京兵變的圖文報導，標題為：**共和之中國在風起雲湧中轉變？北京已經發生一系列的兵變。**其中文章為北京兵變的報導。一九一二年二月二十九日晚，隸屬北洋第三鎮的新軍士兵發生兵變，在城內搶劫並放火燒燬了多間店舖，並蔓延到保定和天津。圖片共十三張，從左至右，從上至下分別為清末總理外國事務衙門；守衛中華門的員警；北京街頭的員警；北京街頭阻止騷亂的木柵欄；北京的使館區大門；舊式打扮的皇家衛兵；小販和士兵；北京城的守門人；使館區的邊界；姜桂題的軍隊在列隊前進；一個高階官員正通過皇城大門；英國使館內；北京前門火車站。

法國修女的人道行動

一九一二年三月三十日，英國《圖畫報》關於北京兵變中外國人的圖文報導，標題為：**大火中的修女們，解救北京兵變中的法國修女。**其中文章為北京兵變引起城內大火，為避免傷亡，法國使館派出士兵護送修女們去使館。圖片共一張，是法國士兵正護送修女們逃離大火時的水彩畫。

SISTERS OF MERCY UNDER FIRE
THE RESCUE OF FRENCH NUNS IN THE PEKING REVOLT

When the revolt broke out in Peking, detachments of the Foreign Legation Guards were sent to protect the Mission stations or escort ladies into the Legation quarter, and one such incident is depicted here, the French soldiers, after rescuing a group of nuns from their house in the Chinese city, leading them through the burning streets to a place of safety. During the whole affair Europeans were left unmolested, the only foreigner injured being a Japanese, who was hit by a stray bullet.

DRAWN BY FRANK DADD, R.I., FROM A SKETCH BY CAPTAIN S. R. V. STEWARD

中國歷史上第一個憲政內閣

一九一二年三月二十三日，英國《倫敦新聞畫報》關於中國第一個內閣的圖文報導，標題為：**孫中山辭職前，中國的第一個內閣**。其中文章為一九一二年二月十三日，孫中山宣布辭去中華民國臨時總統的職務，最後一次內閣會議的報導。圖片共五張，從左至右，從上至下分別為孫中山結束內閣會議後離開；孫中山和部分內閣成員，左起分別是呂志伊、于右任、居正、王寵惠、孫中山、黃鐘瑛、蔡元培、薩鎮冰、馬君武、王鴻猷；中國第一個議會內景；孫中山和衛兵；孫中山和部分內閣大臣，左起分別是王鴻猷、王寵惠（外交部長）、黃興（陸軍總長兼總參謀長）、孫中山、陳錦濤、蔡元培（教育總長）、景耀月。

BEFORE SUN YAT SEN RESIGNED: THE FIRST CHINESE REPUBLICAN CABINET.

PHOTOGRAPHS BY ILLUSTRATIONS BUREAU.

1. LEAVING FOR A CABINET MEETING ACCOMPANIED BY HIS STAFF: DR. SUN YAT SEN, THE PROVISIONAL PRESIDENT OF THE CHINESE REPUBLIC, WHO RESIGNED IN YUAN SHI KAI'S FAVOUR.

2. WITH SOME OF THE MEMBERS OF THE FIRST CHINESE REPUBLICAN CABINET: DR. SUN YAT SEN, THE CHINESE REVOLUTIONARY LEADER.

3. SHOWING A SPARSE ATTENDANCE OF PIGTAIL-LESS REPRESENTATIVES IN NATIONAL DRESS: A MEETING OF DELEGATES UNDER THE PRESIDENCY OF DR. SUN YAT SEN.

4. SALUTED BY TWO OF THOSE WHOSE ACTION MADE THE REPUBLIC A POSSIBILITY: DR. SUN YAT SEN HONOURED BY SOLDIERS OF THE CHINESE ARMY.

5. WITH MINISTERS OF HIS CABINET: DR. SUN YAT SEN.

Dr. Sun Yat Sen, the Chinese revolutionary leader, was elected Provisional President of the Chinese Republic on December 29 last, by a convention at Nanking at which fourteen of the provinces of China were represented. A Republican Cabinet was formed in that city comprising some of the ablest men in China. On January 5 Sun Yat Sen issued from Shanghai a Republican manifesto addressed "to all friendly nations," outlining the Republican policy. Negotiations were opened between Sun Yat Sen and the Republicans at Nanking and Yuan Shi Kai and the Imperialists at Peking, and on January 18 it was stated that the conference of delegates from seventeen provinces assembled at Nanking would elect Yuan Shi Kai President, Sun Yat Sen, the Provisional President, retiring in his favour. On February 12 were issued from Peking the three historic edicts which brought the Manchu rule to an end, and gave Yuan Shi Kai power to form a Republican Government. Three days later Sun Yat Sen resigned, and, as anticipated, Yuan Shi Kai was elected President.

孫中山夫婦肖像與北京形勢

一九一二年三月二十三日，英國《星球報》關於北京
兵變的圖文報導，標題為：**北京兵變**。一九一二年二
月二十九日晚爆發的北京兵變，史學界通常認為是袁
世凱為拒絕南下就任而製造的藉口，外國記者在當時
也有類似的觀點。英國《星球報》就發表了對這一事
件的記述和分析。圖片共八張，從左至右，從上至下
分別為孫中山夫人盧慕貞肖像；孫中山肖像；美國使
館的衛隊；英國使館的衛隊；東交民巷西口的工事；
工事和馬克沁機槍；被斬首的騷亂分子。

The MILITARY OUTBREAK in PEKIN.

MRS. SUN-YAT-SEN—From her Latest Portrait

DR. SUN-YAT-SEN—From his Latest Portrait

A Pekin correspondent sends some important pictures illustrating the mutinous military outbreak in Pekin in the early days of March. "On March 2," writes our correspondent, "after two nights of looting and incendiarism on the part of the mutinous troops, a number of executions were made in the streets. In nearly all cases the condemned were civilians of the coolie class; they were the men who followed on the heels of the soldiery and took what they could. The actual men who broke into the shops were not among those beheaded. The bodies were left about the streets as a warning, in some cases the heads being suspended by three bamboos placed in the form of a tripod or else the head was nailed by the queue against a convenient telegraph pole. On March 3 upon the arrival of additional foreign troops from Tientsin a demonstration was made by a united force of British, French, German, American, Russian, Italian, Austrian, Dutch, and Japanese troops, part of the guard of each legation. The troops first assembled on the glacis of the British Legation and then under the direction of the British commanding officer made a march of seven or eight miles through the principal streets of the Tartar city."

A large number of the mutineers succeeded in escaping scot free, but a considerable number were summarily executed. Among them were only one or two soldiers, the great majority being poverty-stricken men and some women who had picked up scraps among the ruins.

¶The latest news from China shows that the transition from Imperial to Republican rule is encountering all the shoals and currents which beset such changes. It is fortunate that such men as Yuan Shih-Kai and Dr. Sun-Yat-Sen are in a position to lead the nation. The latter's wife is a remarkably intelligent-looking woman. Yuan Shih-Kai's action in submitting a list of the boards of ministers has been much criticised in Nankin. According to the terms of the Provisional Constitution this duty belongs to the Premier. Several of the names proposed by Yuan Shih-Kai are likely to meet with strong opposition from the Assembly. Even China is not without its suffragette problems,

for in response to a petition from Chinese women the Assembly have adopted a resolution approving the principle of women suffrage but relegating its realisation, as we are tempted to do, to the background. Trouble is still prevalent in many districts among the unpaid troops. Kiangsi soldiers raided the pay office just recently at Nankin, but were repulsed by Cantonese troops. Two of the mutineers were killed. At several points on the Yangtse from Shanghai westward, where there are large forces, the question of pay is causing dissatisfaction, which the Provisional Government is unable to appease owing to the hitch in the loan negotiations at Pekin.

The Demonstration by the International Legation Troops Assembled in Pekin

On the left the troops are lining up for the march through the Tartar city. A squad of American mounted infantry is in front and Japanese infantry in the far distance. In the right-hand picture are seen the British (Somerset Regiment), French, Japanese, and Russian detachments. British Tommies are sitting on the wall in the distance

The Sandbag Barricade on the Western Side of the Legation Quarter

Made and manned by the American troops, this part of the legation quarter being unguarded by the wall

On the Inside of the Barricade, Showing Machine Gun

A well-known member of the Pekin foreign community on the right

Body and Head of Looter Exposed to View in Ha-to-men Street as a Warning

The Chinese characters on the slip of paper placed across the body give the man's name

Three More Bodies of Looters in the West of the Tartar City

And a Chinese soldier interested in the proceedings of the photographer

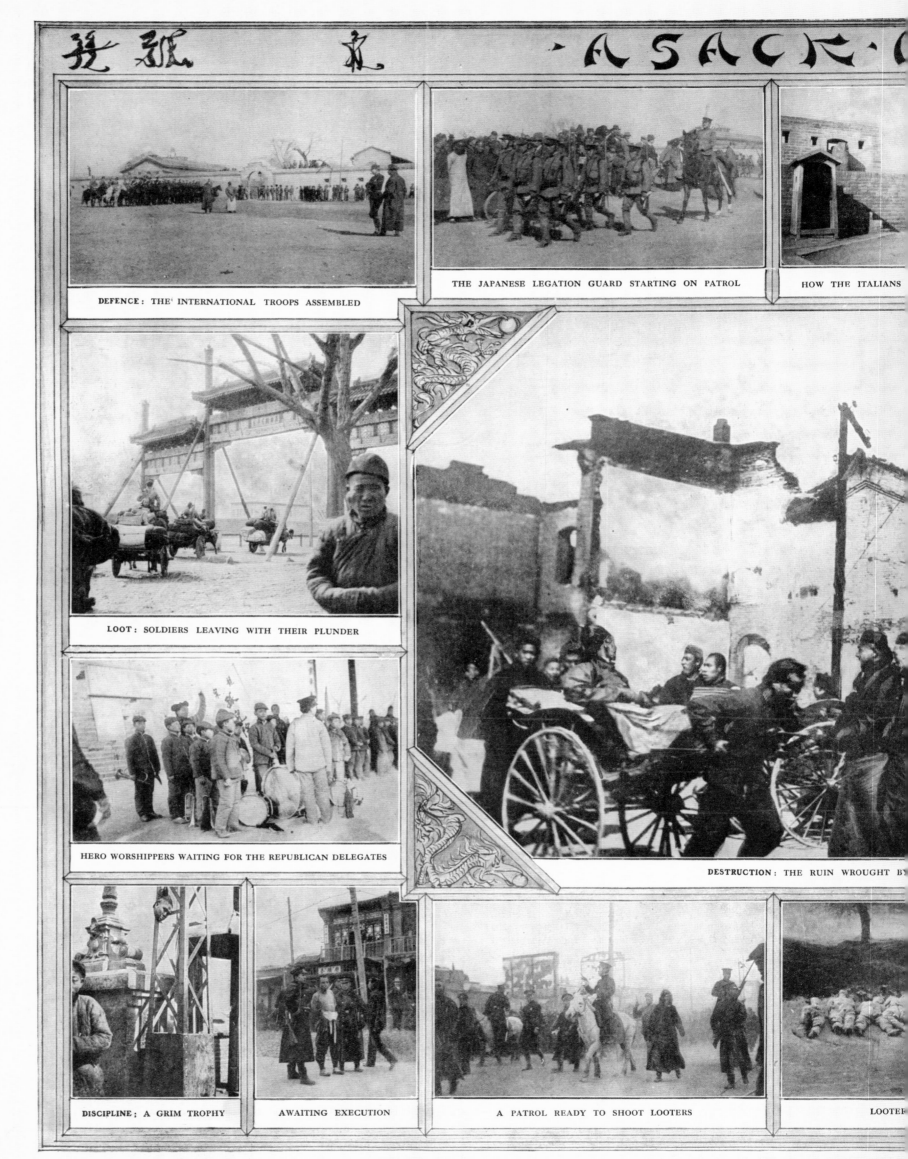

DEFENCE: THE INTERNATIONAL TROOPS ASSEMBLED

THE JAPANESE LEGATION GUARD STARTING ON PATROL

HOW THE ITALIANS

LOOT: SOLDIERS LEAVING WITH THEIR PLUNDER

HERO WORSHIPPERS WAITING FOR THE REPUBLICAN DELEGATES

DESTRUCTION: THE RUIN WROUGHT BY

DISCIPLINE: A GRIM TROPHY

AWAITING EXECUTION

A PATROL READY TO SHOOT LOOTERS

LOOTER

For several days the capital of China was given over to pillage and incendiarism, due chiefly to the Third Division—the most trusted troops of Yuan Shi-Kai—who revolted as a pr
against their pay being in arrears and the orders to cut off their pigtails. The outbreak began on February 29, the day after the proclamation of the Republic, which was celebrate
throwing open to the public the sacred southern gate at the Chien-men, hitherto used only by the Emperor. The troops started burning and looting both in the Chinese and Tartar c

·PEKING·

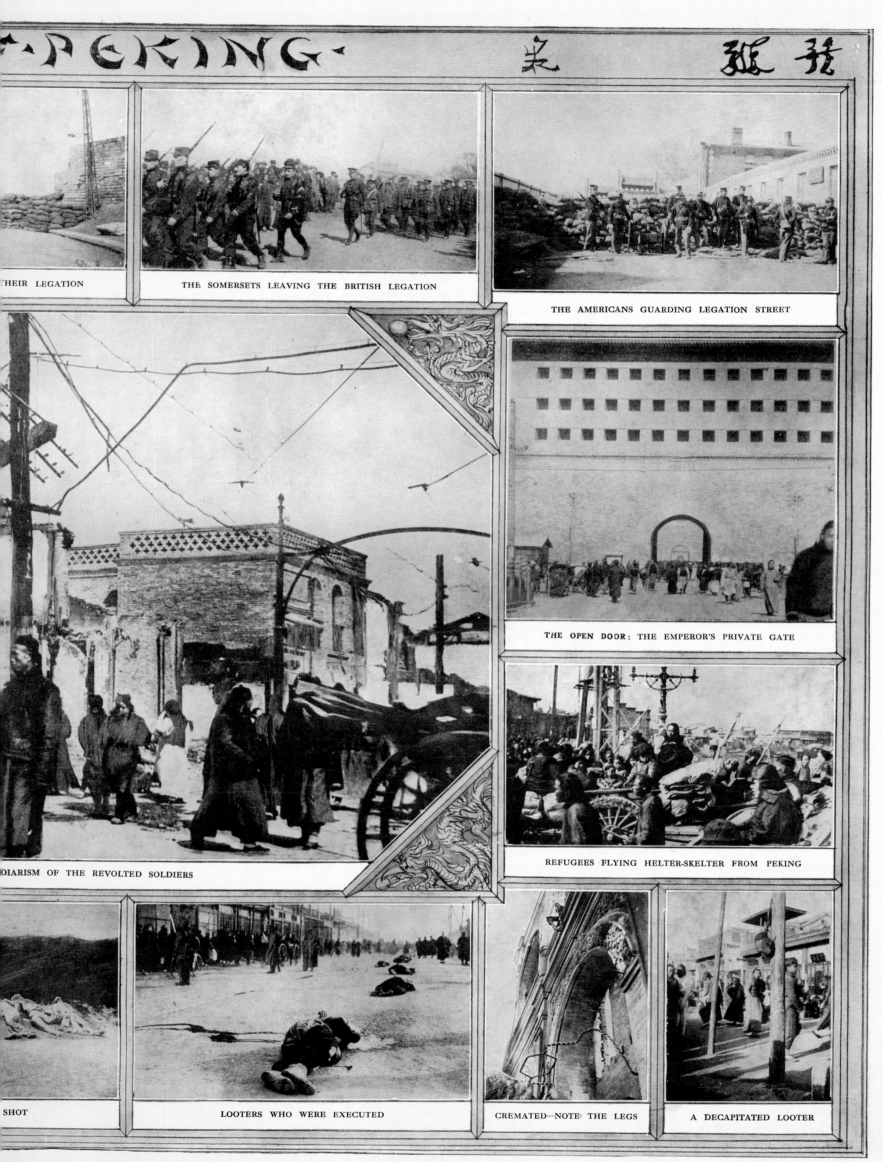

THEIR LEGATION

THE SOMERSETS LEAVING THE BRITISH LEGATION

THE AMERICANS GUARDING LEGATION STREET

THE OPEN DOOR: THE EMPEROR'S PRIVATE GATE

DIARISM OF THE REVOLTED SOLDIERS

REFUGEES FLYING HELTER-SKELTER FROM PEKING

SHOT

LOOTERS WHO WERE EXECUTED

CREMATED—NOTE THE LEGS

A DECAPITATED LOOTER

r a thousand of them, laden with their spoils, subsequently marched to the railway station, seizing three trains and leaving for Paoting-fu. When the first shots were fired the police bolted, and order was finally restored by the old-style provincial troops, while the guards of the nine foreign Legations—in all 700 men, mounted and on foot—marched d the main streets with their machine guns and allayed the panic of the inhabitants. The guilty soldiers escaped scot-free, but over 100 Chinese looters were summarily executed.

北京的一次劫難 (98頁圖)

一九一二年三月三十日，英國《圖畫報》關於北京兵
變的圖文報導，標題為：北京的一次劫難。其中文章
為北京兵變發生後京城的情況和使館區的反應。圖片
共十七張，從左至右，從上至下分別為使館區的衛
隊；日本使館衛隊開始巡邏；守衛使館的義大利士
兵；離開英國使館的衛隊；守衛東交民巷的美國士
兵；兵變士兵載著贓物離開；兵變中被燒燬的商舖；
正陽門箭樓；龍泉孤兒院的軍樂隊；搶劫犯慌亂地離
開北京；被示眾的頭顱；準備行刑；巡邏隊準備向搶
劫者開槍；被槍決的搶劫者；被斬首的搶劫者。

奪髮記

一九一二年四月六日，英國《圖畫報》關於剪辮子的
圖文報導，標題為：奪髮記。圖片共一張，是一個小
男孩在給他的小夥伴剪辮子。

THE RAPE OF THE LOCK

Picture by W. H. Gollet

This picture shows young Republicans lopping off the badge of Manchu servitude, all China being now divided into two parties, pro and anti pigtail.

The border, by C. A. Pasquier, shows at both bottom corners the birth of the Chinese dragon as depicted in Chinese mythology. Between the two lies the dead dragon.

民族的熔爐

一九一二年四月六日，英國《圖畫報》關於中國實行共和後的變化的圖文報導，標題為：**中國是個大熔爐**。圖片共四張，左上是街上的西式商店；右上是戴帽子的時尚；小朋友都在討論辮子問題；孫中山的子女。

CHINA IN THE MELTING-POT
THE FOREIGN OFFICE BAG.   BY LUCIEN WOLF

NEW CHINA: The European Shop

NEW CHINA: The Hat Question.

From the latest batch of Far Eastern newspapers, dated as recently as March 16, a very reassuring picture may be obtained of the situation in China. The impression of a widely ramifying anarchy, produced by the telegraphic accounts of riots and mutinies published in Europe from day to day, appears to be altogether unjustified. Indeed, when seen in the tremendous perspectives of the Empire and in relation to the amazing audacities of the revolution, these regrettable incidents are scarcely perceptible. The wonder is not that there are outbreaks of violence, but that they are comparatively so few and insignificant.

China has given a lesson to the world in the making of a great political revolution. It is particularly curious to note how the innate conservatism of the people has asserted itself even in their adoption of the unfamiliar notions of Occidental Democracy. One of the first things Sun Yat-Sen and his Nanking colleagues did when the Republic was proclaimed was to proceed in solemn procession to the tombs of the Ming Dynasty and assure the Royal shades that the deposition of the Manchus was all in their honour. Then, again, the legal formalities by which the Republic became the creation of the Self-Effacing Dragon Throne are assuredly unique in political history. Nor are these things without distinct practical advantages. All other Republics have suffered from a certain alienation from the chain of national tradition and from a lack of indisputable legal sanction. Whatever else may happen to the Chinese Republic, it will not suffer on these accounts.

Of course, not everybody in China is enamoured of the new order of things. One of the most curious manifestations of popular discontent is that which has shown itself in the silk industry. It has happened in this wise. With the discarding of the pigtail the old and not over-comfortable round hat surmounted by a button, which has been worn by untold generations of Chinese, is being dispensed with, and everywhere there is a demand also for the cloth cap and felt hat of the "Barbarian," either of them being a symbol of the revolution. But this is a fashion in which it is not easy to stop. The tam o' shanter and the billycock are, no doubt, excellent things in themselves, but they do not go well with the silken habiliments hitherto in vogue. Consequently there is a very marked tendency to substitute European woollen garments for the traditional Mongol robes. If this fashion spreads, the silk industry will be ruined, and this is a very serious matter, for silk is China's principal industry. In the raising of silkworms and the spinning and weaving of the beautiful silken fabrics for which China has so long been famous, many millions of people are employed. And, unfortunately, owing to the primitive way in which the industry is still carried on, it is not possible for it to find compensation in the world market. Competent observers, however, doubt whether the new fashion will endure. They declare that while the Chinese climate is what it is, the well-to-do Celestial will not easily adapt himself to wool. What will probably happen will be that while the style changes the fabric will remain. In this way, perhaps, democratic China may succeed in giving the world a new fashion in European clothes, and one for which the ugly West may have reason to be thankful.

The real danger to the Chinese Republic comes from outside. Nothing could well be more inconvenient to certain of China's neighbours than the prospect

EVEN CHILDREN DISCUSS THE PIGTAIL PROBLEM
The burning question of the hour in China. From a Kodak snapshot.

of her regeneration as a modern State with a freely operating national consciousness. Not only does it put an end to long-cherished theories of "manifest destiny" in the direction of expansion—or, at any rate, render the fulfilment of those theories less

inevitable than they seemed when only an effete throne and a corrupt oligarchy had to be dealt with—but it is calculated to create in the near

A FAMILY WITH A CHEQUERED CAREER
The children of Sun Yat-Sen, the Republican leader. The picture, by J. D. Sullivan, was taken at Shanghai only a month ago.

future an exceedingly embarrassing situation in regard to certain of their practical applications which are thus caught in a tentative and illegal stage of their development. If the Revolution could only have been postponed for a few years, it would, no doubt, have found Russia legally established all over the North above the Great Wall, and the partition of Manchuria between her and Japan a reality sanctioned by Treaty. All this is now rendered very difficult, if not impossible, and great is consequently the wrath in St. Petersburg and Tokio. Had the European situation been different, there would probably have been some form of military intervention. As it is, all that Russia and Japan can now do is to strive to hamper and obstruct the young Chinese Republic until a more propitious opportunity for acquisitive action presents itself.

There is nothing obscure about the plans of the two Powers in this connection. The euphemisms in which they have recently been clothed by certain Times telegrams from St. Petersburg are transparent even to the most ingenuous of newspaper readers. The contemplated instrument of obstruction and tutelage is Finance. China wants money —a great deal of money—for the purposes of her administrative reorganisation, and the Russo-Japanese idea is that the lending of this money shall afford the opportunity of putting the Republic in the necessary political leading-strings. The idea has occurred to others, and for reasons less unfriendly to China. Sir Robert Bredon lately lent the great authority of his name to a scheme of "Egyptianisation," which attracted a good deal of attention both here and in Peking. He, however, was at pains so to draft his scheme as to make as little inroads as possible into the sovereign independence of China, while his final object was, of course, to develop the efficiency of the new Chinese State— military as well as civil—to its highest possible point. In postulating the necessity of control, however, Sir Robert Bredon has played into the hands of China's enemies, and it will consequently be difficult for the other Powers to resist the representations that are being now made to them from St. Petersburg and Tokio.

The most curious feature of this exclusively financial transaction is that while the money is being found by Great Britain, France, Germany, and the United States, the tune is being called by Russia and Japan, who are borrowing their shares from Paris. The proper attitude of the Western Powers would, of course, be to say that they decline to mix up politics with the loan question, except in so far as the question of security might be affected. Unfortunately, it is not likely that this reply will be made—at least, not so far as Sir Edward Grey and M. Poincaré, or, perhaps, also Herr von Bethmann Hollweg are concerned, for none of them cares to offend the Eastern Powers. What line the United States will take is, however, not so sure. Washington is very suspicious of Russian and Japanese activity in China, and hence it is possible that Wall Street may be induced to take a line of its own in the International Syndicate. Something of the kind seems to be anticipated in St. Petersburg, where the Press has lately had hard things to say about the designs of the United States in China. The Novoye Vremya has even been calling for a Far Eastern Monroe Doctrine to restrain American ambitions! International politics would be a much duller business than it is were it not for the funny Novoye Vremya.

上海的剪辮子運動

一九一一年二月五日，法國《小報》關於剪辮子運動
的圖文報導，標題為：中國的現代化：**上海的剪辮子
運動**。辛亥革命爆發之前，中國一些地方就發生了剪
辮子的運動。畫家用藝術的表現手法記錄了上海在剪
辮子運動中的情形：有人剪掉辮子換上西裝，受到旁
邊穿洋服的中國人的稱讚，也有一些思想守舊的老人
嚇得驚慌失措。

Le Petit Journal

ADMINISTRATION
61, RUE LAFAYETTE, 61

Les manuscrits ne sont pas rendus

On s'abonne sans frais
dans tous les bureaux de poste

5 CENT. SUPPLÉMENT ILLUSTRÉ **5** CENT.

22me Année — Numéro 1.055

DIMANCHE 5 FÉVRIER 1911

ABONNEMENTS

	SIX MOIS	UN AN
SEINE et SEINE-ET-OISE..	2 fr.	3 fr. 50
DÉPARTEMENTS..........	2 fr.	4 fr. »
ÉTRANGER....	2 50	5 fr. »

LA CHINE SE MODERNISE
A Shanghaï, des chinois font en public le sacrifice de leur natte

LA PESTE E

Composition de GEORGES SCOTT.

NDCHOURIE

Un fléau terrible, la peste, dépeuple en ce moment les villes chinoises de la Mandchourie. L'épidémie, née à Kharbine, s'est propagée, malgré les efforts des médecins occidentaux et indigènes, avec une rapidité inconnue jusqu'ici. La mortalité atteint chaque jour un chiffre fabuleux, et des villes entières, comme Foudziadian, la ville chinoise de Kharbine, et Achikke, ont été anéanties. Les seules nouvelles précises qui nous parviennent des lieux contaminés sont résumées dans les télégrammes du New-York Herald, admirablement renseigné, et dans ceux de quelques journaux russes. Quant aux documents photographiques actuels, pris sur place, ils sont certainement arrêtés par la censure et les cordons sanitaires, car, à notre connaissance, il n'en est encore parvenu aucun en Europe. C'est donc sur les indications, d'ailleurs précises, de nos confrères américains et russes, que notre collaborateur G. Scott a composé son émouvant dessin auquel peut servir de légende ce bref télégramme du correspondant du Russkoïé Slovo à Kharbine : « Foudziadian est devenu une ville morte. Les rues sont désertes, les maisons vides, les bazars et marchés fermés. Les chiens qui déchirent les cadavres des pesteux et l'odeur épouvantable des bûchers témoignent seules que cette ville était récemment encore vivante. Jusque dans les hôpitaux on trouve la solitude, car les malades et les médecins ont également succombé au fléau... »

滿洲鼠疫的駭人場景 (106頁圖)

一九一一年二月十八日，法國《畫報》關於東北鼠疫的報導，標題為：**滿洲的鼠疫**。一九一○年底至一九一一年初的東北鼠疫，致六萬多人死亡，有些村鎮甚至無一人倖免。畫家用水彩畫的方式表現了當時的駭人場景：街上空無一人，遠處被焚燒的屍體冒出滾滾濃煙，餓狗啃食著來不及收殮的屍體。

鼠疫期間街上的盤查

一九一一年三月二十五日，法國《畫報》關於東北鼠疫的報導，標題為：**鼠疫中的哈爾濱**。一九一○年末在東北爆發的鼠疫擴散迅速，造成很多平民病亡。為了阻止傳染蔓延，中、日、俄等國的醫療隊上街盤查、消毒、注射疫苗。照片中在哈爾濱街頭的俄國醫生正用馬刀指著一個有發熱症狀的中國人。

UNE SCÈNE DE LA RUE, A KHARBINE. — Arrestation d'un Chinois atteint de la peste.

Photographie communiquée par M. A. Brochier.

Cet homme, ce Chinois de Kharbine, qu'un soldat russe arrête à la pointe du sabre, vient d'être atteint par le fléau. On l'a vu, à l'instant, cracher le sang et la peste. Aussitôt signalé aux gardes vite accourus, le malheureux, qui est devenu un danger de mort pour tout ce qu'il rencontre, n'ira pas plus avant. Et le soldat, tout en maintenant l'homme au bout de son arme, porte, de l'autre main, à ses lèvres, le sifflet qui doit avertir les sanitaires...

Scène familière, là-bas, et bien des fois multipliée chaque jour depuis trois mois ! Vision émouvante, pour nous, autant que les plus émouvantes, dans sa simplicité cruelle et presque féroce. Car nous savons que, dans quelques minutes, la voiture de la peste emportera le sacrifié vers les redoutables locaux d'agonie où il sera contraint d'attendre, avec cent autres misérables, l'heure du cercueil et du bûcher...

Un de nos confrères, M. René Lebaut, envoyé par le *Petit Journal* en Mandchourie où il est le seul représentant de la presse française, a confirmé, en effet, avec une effrayante précision dans son intéressante correspondance, que rien, jusqu'ici, n'a pu lutter contre la terrible maladie. « On n'a pas enregistré un seul cas de guérison. Vaccinés ou non, tous les malades, Chinois ou Européens, sont morts, sans exception, même les gens immunisés par plusieurs semaines d'inoculation, et une seule personne a pu être prolongée pendant sept jours, grâce à trois litres de sérum. » Quant aux employés qui entrent en contact avec les malades, ils meurent tous les uns après les autres. Les médecins ne résistent qu'avec d'infinies précautions que, malgré tous les efforts, on ne peut obliger les sanitaires à observer... Ces infirmiers de la peste sont, en effet, la lie de la population, des gens sans aveu auxquels on offre la somme, considérable pour eux, de 50 à 60 roubles par mois, à laquelle ils ajoutent les dépouilles des morts qu'ils s'approprient sans vergogne et sans prudence. Ajoutons que, d'après les plus récentes nouvelles, le fléau, toujours en décroissance à Kharbine, menace de prendre la direction de Pékin où l'on active les mesures de défense.

中國是崛起的國家

一九一一年十月十五日，法國《求精報》關於辛亥革命的報導，標題為：**中國的革命，崛起的國家**。圖片共九張，從左至右，從上至下分別為漢陽江邊鱗次櫛比的帆船；漢陽鐵廠；清末的剃頭舖；革命軍士兵；拿著水壺的苦力；漢口的街道；漢陽的城牆；漢口的居民區；武昌城的風景。

N° 334　　　　　LE NUMERO QUOTIDIEN 10 Cent. — Étranger : 20 Cent.　　　　★　DIMANCHE 15 OCTOBRE 1911

·EXCELSIOR·

Journal Illustré Quotidien

Directeur : Pierre LAFITTE
ABONNEMENTS (du 1ᵉʳ ou du 16 de chaque mois)
France : Un An : 35 fr. - 6 Mois : 18 fr. - 3 Mois : 10 fr.
Étranger : Un An : 70 fr. - 6 Mois : 36 fr. - 3 Mois : 20 fr.

Informations - Littérature - Sciences - Arts - Sports - Théâtres - Elégances

88, Champs-Elysées, PARIS
TÉLÉPHONES :
5 Lignes : 557-44, 557-45, 528-64, 528-66, 528-68
Adresse Télégraphique: EXCEL - PARIS

LA REVOLUTION CHINOISE -- AU PAYS DU SOULEVEMENT

LE THÉATRE DES DÉSORDRES EST PRINCIPALEMENT A HANKEOU, HANYANG ET WOUTCHANG

La Chine est en proie, en ce moment, à un mouvement révolutionnaire d'une gravité exceptionnelle. Ce mouvement a pour objet, croit-on, d'établir une République avec Sun-Yat-Sen comme premier président. Le théâtre du soulèvement est dans la région de Hankeou et de Woutchang. La première ville serait en feu, et dans la dernière la République serait proclamée. Malgré l'incertitude des nouvelles, il est évident que tout le pays, dont nous donnons ici quelques photographies, est agité des plus graves désordres.

1. HANYANG : VUE PRISE DU PORT CHINOIS SUR LA RIVIÈRE HAN. — 2. HANYANG : L'ARSENAL. — 3. UN COIFFEUR AMBULANT, TYPE DU SUD. — 4. INFANTERIE CHINOISE DE L'ARMÉE DU SUD. — 5. UN RÉTAMEUR AMBULANT. — 6. VUE D'UNE RUE DE LA VILLE CHINOISE, A HANKEOU. — 7. HANYANG VUE DES FORTIFICATIONS. — 8. HANKEOU : VUE PRISE DES HAUTEURS DE HANYANG. — 9. LES ABORDS DU CHEMIN DE FER DE WOUTCHANG.

天津銷毀鴉片

一九一一年十月十四日,法國《畫報》關於天津銷毀鴉片的報導,標題為:**在中國禁毒**。其中文章為鴉片對中國的危害和天津的禁毒行動。圖片共兩張,上圖是天津南開大學外的銷毀鴉片現場;下圖是鴉片和菸槍被點燃。

Les deux bûchers.　　　　　Tribune de la musique.　　　　　Tribune des autorités.

La foule assemblée sur le terrain de jeux de l'école de Nan-Kaï, à Tien-Tsin, pour assister à l'incinération solennelle
d'instruments servant à la consommation de l'opium.

LA LUTTE CONTRE L'OPIUM EN CHINE

L'élite chinoise, avertie des périls de l'opium, paraît fermement décidée à combattre par tous les moyens les progrès d'un mal qui, malgré les édits officiels, étend chaque jour ses ravages. Une véritable lutte est depuis longtemps engagée, qui se poursuit par la parole, par l'image, et par d'imposantes manifestations destinées à frapper les esprits populaires. Nous annoncions récemment (n° du 2 septembre) que le vice-roi du Yunnan avait fait brûler publiquement, au son des gongs et des fifres, des milliers de pipes. Pareille cérémonie a eu lieu le 29 août dernier à Tien-Tsin, sous les auspices de la « Ligue contre l'opium ».

De petits bûchers, où se trouvaient réunis tous les instruments servant à la consommation de la funeste drogue, pipes, lampes et plats, avaient été dressés sur le terrain de jeux, grand comme un champ de manœuvres, de l'école de Nan-Kaï, établie par Li-

Hung-Tchang. Une foule de Chinois s'y étaient rendus, qui à pied, qui en voiture, pour voir brûler ce qu'ils avaient adoré. Et, maintenus à bonne distance, dans les limites d'un vaste rectangle, ils assistèrent, un peu étonnés peut-être, à cette incinération solennelle, dont plus d'un dut, au fond du cœur, éprouver quelque regret.

Cependant, les organisateurs de ce singulier spectacle circulaient parmi les assistants et leur remettaient de sages avis, conseillant aux fumeurs d'aller chercher à l'hôpital la guérison de leur détestable habitude. Et M. Thwing, l'actif secrétaire de la Ligue, distribuait lui-même, dans un but louable de propagande, des cartes postales naïves comme des images d'Epinal : on y voyait, dans une forêt, trois hommes décharnés à faire peur, s'adonnant à leur vice coutumier, tandis qu'un tigre, qui s'était approché pour les dévorer, se détournait, semblant dire : « Ils sont trop maigres ! » Peut-être eût-il fallu conclure, en bonne logique, de cet apologue, que l'opium est éminemment recommandable, tout au moins contre l'attaque des bêtes féroces; mais M. Thwing n'avait pas prévu cette « moralité », dont quelque mandarin subtil s'avisa sans doute.

UN AUTODAFÉ A TIEN-TSIN. — Embrasement des bûchers de pipes, lampes et plats des fumeurs d'opium.

漢口和漢陽的素描

一九一一年十月二十一日，法國《畫報》關於辛亥革命中武昌的報導，標題為：「**黃色革命**」。其中文章為記者對爆發革命的武漢三鎮詳細的介紹。圖片共三張，上圖是從武昌遠眺漢口和漢陽的素描；左下描繪一位裹著小腳優雅走路的當地婦女；右下是一幅武漢三鎮的地理形勢圖。

Han-Yang.   Aciéries.   Arsenal.

Wou-Tchang.   Han-Keou et les concessions européennes.

Croquis à vol d'oiseau des trois villes de Han-Keou, Wou-Tchang et Han-Yang, au confluent du Yang-Tsé-Kiang et du Han.

LA RÉVOLUTION JAUNE

LES TROIS VILLES OU SE PRÉPARE L'AVENIR DE LA CHINE

Elégante aux petits pieds de Wou-Tchang.

Le dessinateur H. Le Riche, qui était en Chine l'hiver dernier, et qui a donné déjà à L'Illustration de curieux dessins sur les débuts de l'aviation française dans le Céleste Empire, a visité notamment Han-Keou, Wou-Tchang et Han-Yang, la capitale en trois villes du bassin du Yang-Tsé-Kiang, théâtre de l'insurrection chinoise contre la dynastie mandchoue. Nous avons choisi dans les pages de son album de voyage les croquis que nous reproduisons ici et auxquels il a joint ces notes documentaires d'un vif intérêt :

Des troubles graves viennent d'éclater à Han-Keou, dans le Houpé, et attirent de nouveau l'attention du monde occidental sur l'énorme et mystérieuse Chine. Peut-être est-ce la grande révolution, à l'instar de la nôtre, comme je l'ai entendu si ardemment désirer par mes amis « Jeunes Chinois ». Cela ne surprendra pas trop les vieux résidents, car l'Empire, depuis 1900, est virtuellement en révolution et, du jour au lendemain, un changement de dynastie, peut-être même de mœurs et de coutumes, est possible.

Pour comprendre la soudaineté de cette révolution, il faut connaître la faculté de dissimulation vraiment étonnante du Céleste. Il cause, rit, vaque à ses occupations avec un naturel parfait, bien qu'ayant parfois la mort dans l'âme. J'ai vu à Han-Keou un notable chinois ruiné par la baisse du caoutchouc... sur le point d'être mis en faillite, de

perdre la face, — suprême disgrâce pour un Céleste, — attendant, je le savais, d'une minute à l'autre une réponse de vie ou de mort, me recevoir cependant le sourire sur les lèvres, me faire les honneurs de sa collection de potiches avec une aisance, une grâce que plus d'un Européen lui eussent enviées.

Un tel peuple est évidemment capable de préparer dans l'ombre les pires révolutions, et de nous ménager les plus effroyables surprises. Sur le Yang-Tsé-Kiang ou Fleuve Bleu, au confluent du Han, se sont groupées trois énormes cités : Han-Keou, sur la rive gauche du Yang-Tsé, Han-Yang, sur la même rive mais de l'autre côté du Han, et Wou-Tchang sur la rive droite. Han-Keou, la plus importante des trois villes, occupe le centre d'une immense plaine d'alluvions. Admirablement située sur le bord d'un fleuve que peuvent remonter les plus gros navires, tête de ligne de chemin de fer Han-Keou-Pékin, au centre géographique de riches et populeuses provinces, de mines abondantes de charbon, de fer, de cuivre, de mercure, c'est la grande ville d'avenir, peut-être la capitale future de la Chine rénovée.

M. Marcel Monnier, dans l'*Empire du Milieu*, conte que les Chinois, gens très pratiques, mais aussi, comme chacun sait, très experts en géomancie, attribuent la prospérité de Han-Keou, non pas précisément à sa situation exceptionnelle, mais surtout à la configuration de son sol dont les rares reliefs, paraît-il, reproduiraient à miracle les trois emblèmes dont la conjonction est considérée comme indispensable pour un *fong-chouei* de première qualité, autrement dit pour présager un heureux sort : le dragon personnifiant la force, le serpent emblème de la longévité, et la tortue qui symbolise la stabilité dans la puissance. Le coteau de Han-Yang forme la carapace de la tortue ; la tête serait représentée par une petite roche à fleur d'eau ; sur ce rocher a été bâtie une mignonne pagode qui devait avoir pour effet d'immobiliser le précieux animal. Sur l'autre rive, la ligne sinueuse de collines que couronnent les remparts de Wou-Tchang ne serait autre que le dragon couché. Quant au serpent, sa tête apparaît parfaitement reconnaissable à l'extrémité d'un promontoire escarpé ; au temps des Ming on y construisit une énorme pagode pour s'opposer à la fuite du reptile ; hélas ! en 1885, la pagode fut entièrement brûlée ; mais par bonheur rien n'a été troublé dans le *fong-chouei* : le serpent est demeuré à son poste.

Han-Keou a été ouverte aux Européens en 1861 ; les concessions s'y sont rapidement développées ; les Français ont abandonné une partie de la leur à leurs amis les Russes.

C'est le grand centre commercial du thé. On y fabrique les curieuses tablettes de thé comprimé qui servent de monnaie aux Mongols et aux Thibétains. Le trafic du seul port de Han-Keou se chiffre par 200 millions de taëls (le taël vaut environ 3 francs). La population, de près de 800.000 habitants, est laborieuse, mais turbulente. Des troubles éclatent fréquemment. En janvier dernier, à la suite du décès d'un coolie, survenu au poste de

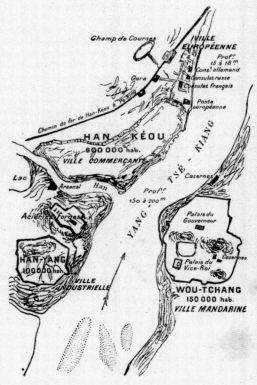

Plan-croquis des trois villes en révolution.

L'entrée du Yamen du vice-roi, à Wou-Tchang.

police anglais et que les Chinois prétendaient avoir été tué — ce qui était faux — les concessions furent soudainement envahies par une cohue de forcenés ; la milice européenne, rapidement mobilisée, dut se servir de ses armes. Il y eut une vingtaine de morts. Tout rentra aussitôt dans l'ordre. Le lendemain, il

Une patrouille de volontaires parcourant les rues du quartier des concessions européennes en janvier dernier.

n'y paraissait plus, — le Chinois n'aime pas les bâtons à feu des diables blancs.

Han-Keou, ville étrange et «salammbesque», peut-être la plus curieuse de l'étrange Chine, domine le grand fleuve de 30 mètres. On y accède par d'énormes escaliers, encombrés d'une multitude grouillante. Dans les rues étroites de cette cité étonnamment vivante, mais d'une saleté et d'une puanteur

effroyables, circule un véritable flot humain. Les boutiques, dont les façades, fort riches, sont sur une cour intérieure, n'ont accès dans la rue que par une porte étroite et solidement verrouillée la nuit.

Han-Yang, le Creusot de la Chine, occupe une vingtaine de mille ouvriers. Dirigée par des Luxembourgeois, l'aciérie possède un outillage moderne et a, pour ainsi dire, dans ses murs, du charbon et du minerai de fer, rivalisant avec ceux de Suède. L'arsenal chinois est bâti à côté, sur le Han.

Et enfin Wou-Tchang, résidence du vice-roi, est peuplée en grande partie de mandarins en disgrâce,

par conséquent de mécontents, ce qui peut expliquer bien des choses.

Dominant de haut le Yang-Tsé, la ville est entourée de vieilles murailles crénelées d'où l'on jouit d'une vue magnifique sur le fleuve, sur Han-Yang, Han-Keou et son gigantesque port.

Je garde un souvenir ému de ce cœur de la Chine.

Lorsque, déambulant par la cité, attiré par des voix d'enfants, j'eus la curiosité de pénétrer dans une école, les chants s'étant brusquement tus, le maître, affable et souriant, vint au-devant de moi, et, plein d'orgueil, me montra au tableau noir la leçon du

Quai de la gare de Han-Keou
(ligne de Pékin).

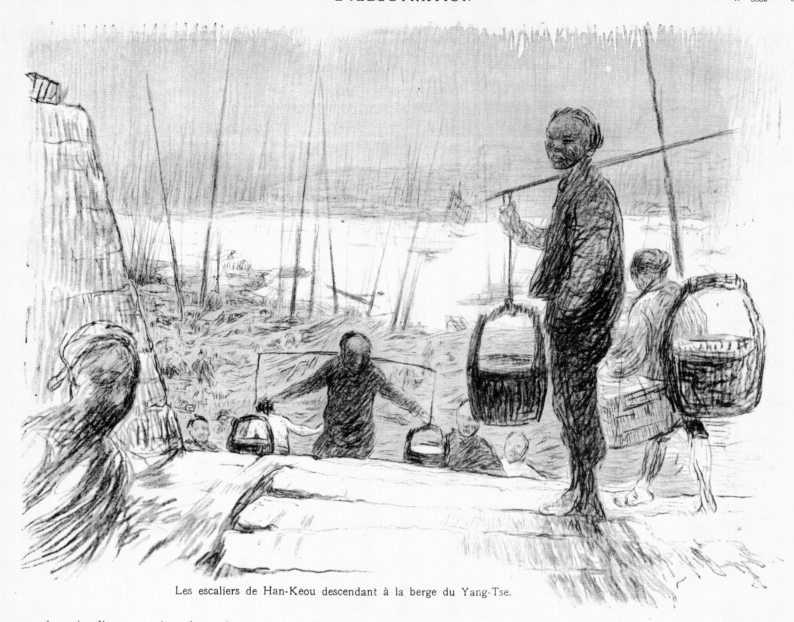

Les escaliers de Han-Keou descendant à la berge du Yang-Tse.

jour, — en français. J'avoue que la seule vue de ces syllabes évocatrices de la patrie lointaine m'a remué profondément.

Ajoutons que ce pays, ouvert par les explorateurs français — le père Chevalier, M. de Vaulserre, et plus récemment le lieutenant de vaisseau Hourst — a gardé de nous une empreinte profonde : on ne parle que français dans toutes les gares de Han-Keou-Pékin. Il ne tiendrait qu'à nous de conserver une influence prépondérante dans ces riches et plantureuses provinces.

H. Le Riche.

LA RÉVOLUTION ET LE POUVOIR AUX PRISES

Quelle va être l'issue du mouvement qui a pris naissance dans les trois curieuses villes qu'on vient de nous décrire ? L'invraisemblable, pour qui ne connaissait que la Chine sous l'aspect simpliste et très conventionnel que nous en ont trop longtemps donné les descriptions superficielles de passants, c'est qu'on se trouve bien en présence d'une tentative révolutionnaire, antidynastique, républicaine, pour tout dire, et non plus d'une crise nouvelle de xénophobie. En même temps qu'ils massacraient, à Han-Keou, les Mandchous, la race dominatrice, les insurgés, par l'organe du « gouvernement républicain militaire » qui les dirige, faisaient donner aux consuls des puissances l'assurance qu'ils respecteraient la vie et les biens des étrangers ; que le nouveau régime reconnaîtrait tous les traités et emprunts conclus avant la révolution et maintiendrait les privilèges obtenus par les diverses nations.

Cependant, on affirme que des marins auraient été débarqués des trois croiseurs allemands présents à Han-Keou au début des troubles ; qu'avec des résidants de la même nationalité, joints à eux, ils feraient le coup de feu avec la populace. Inquié-

tante nouvelle qu'on ne peut actuellement expliquer, étant donné ce qu'on connaît des intentions manifestées par les républicains chinois.

Quoi qu'il en soit, le gouvernement de Péking a, dès le début de la sédition, pris ses dispositions pour la combattre. Des forces imposantes, deux divisions, une composée de Mandchous, l'autre de Chinois, ont été dirigées sur Han-Keou. Elles vont s'efforcer de reprendre les trois villes, actuellement aux mains des révolutionnaires. Mais ceux-ci, de leur côté, multiplient les efforts pour étendre leur action. Déjà des soldats envoyés contre eux auraient déserté et seraient passés dans leurs rangs. Plusieurs villes nouvelles seraient menacées de tomber entre leurs mains : Nankin, Kiou-Kiang, port important du Yang-Tsé.

La lutte sera sans doute ardente. Les dernières nouvelles apprenaient que les rebelles et les troupes régulières étaient aux prises, aux portes d'Han-Keou.

Le confluent du Han et du Yang-Tsé-Kiang.

Le Creusot chinois : les aciéries de Han-Yang.

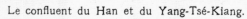

DEUX ASPECTS DE HAN-KEOU

漢口和漢陽的現場報導 _(116頁圖)

一九一一年十月二十一日，法國《畫報》關於辛亥革命中武昌的報導，標題為：「**黃色革命**」。圖片共六張，從左至右，從上至下分別為湖廣總督府的大門；漢口老碼頭的速寫；領館區內外國人自己組織的護衛隊；平漢鐵路的素描；武昌的碼頭；漢陽鐵廠全景。

袁世凱的花園

一九一一年十月二十八日，法國《畫報》關於袁世凱花園的介紹，標題為：**袁世凱的花園**。袁世凱因手握兵權而被攝政王載灃所妒，被去職「回籍養屙」。清軍中有很多將領都是袁的親信，在辛亥革命爆發後，清廷不得不重新啟用袁世凱，委以湖廣總督剿滅革命軍。圖片共兩張，都是袁世凱老家花園內的風景。

L'étang aux lotus.

AUX JARDINS DE YUAN-CHI-KAÏ

Au moment où la révolution chinoise met à nouveau en vedette l'ancien vice-roi du Pet-chili Yuan-Chi-Kaï, et le fait l'arbitre des destinées de la dynastie mandchoue, nous pensons intéressant de publier ces photographies des jardins de la propriété où, depuis 1908, s'était retiré l'ancien ministre. Elles nous ont été communiquées, avec les lignes qui suivent, par le docteur Broquet, qui fut récemment l'hôte du grand homme d'Etat chinois à Tchang-to-Fou, dans la province du Honan.

Parti de Pékin un matin de juin par le Pékin-Han-Kéou, j'arrivai à la tombée de la nuit à la gare de Tchang-to-Fou. Une petite charrette chinoise traînée

Le pavillon aux rocailles.

par une jolie mule me conduisit de la gare au Yamen de Son Excellence le vice-roi Yuan-Chi-Kaï. Je lui fis porter la lettre d'introduction que son fils aîné Son Excellence Yuan-Yuan-Taï, m'avait remise pour son père, et je fus aussitôt reçu par le médecin particulier et par le fils cadet du vice-roi, qui me conduisirent à un appartement de style chinois, meublé à l'européenne et éclairé à l'électricité.

Le lendemain, dans la matinée, le vice-roi voulut bien me recevoir. Il était vêtu d'un vêtement de soie blanche et, malgré sa moustache et sa courte barbe blanche, il me parut en parfaite santé, portant allégrement ses cinquante-trois ans. Bienveillamment, il me laissa entendre qu'en me recevant il m'accordait une haute faveur, car, depuis 1908, il avait tenu à vivre à l'écart, dans le plus grand repos. Il avait cependant toujours fait une exception en faveur du docteur Gérald Mesny, le médecin de l'armée coloniale française qu'il tenait en haute estime, et dont la mort héroïque à Kharbine, encore présente à toutes les mémoires, l'avait vivement affecté.

Il y a trois ans que, quittant les honneurs et les soucis de la vie publique, le vice-roi Yuan-Chi-Kaï (car ses familiers n'avaient cessé de l'appeler ainsi) se retira à 500 kilomètres de Pékin dans cette propriété du Honan, son pays d'origine, avec sa famille, ses femmes, ses enfants et ses fidèles serviteurs. Environ trois cents personnes l'entouraient dans ce grand Yamen.

Le jardin est délicieux ; c'est le type du jardin artificiel « à la chinoise ». En quelques semaines, on apporta les grands arbres, les fleurs, les rocailles des sentiers, on bâtit les gracieux pavillons en bois aux toits harmonieusement recourbés dont les tuiles colorées et les inscriptions en grands « caractères » d'or ou de couleurs brillent au milieu de la verdure, on creusa un étang où le soleil se joue sur les grandes feuilles vertes des lotus et sur leurs fleurs roses, on fit venir les beaux cerfs et les daims qui s'ébattent dans un enclos.

La petite rivière Sin-Wan-ho, rapide et claire, passe près de la propriété et du jardin et les sépare de la colline sur laquelle est bâtie la ville. La vieille cité de Tchang-to-Fou, qui remonte aux premières années de la dynastie Ming, est une pauvre préfecture aux ruelles étroites et sales, qu'entoure un fossé profond et une haute et large muraille percée de quatre grandes portes. Elle est surmontée à ses quatre angles de quatre tours de guet, d'où l'on découvre la grande et monotone plaine que traverse la ligne du chemin de fer et les montagnes qui la limitent à l'ouest.

Les trois ans de « repos » que le vice-roi Yuan-Chi-Kaï vient de passer dans cette propriété ont dû peser lourdement à cet homme d'action. Il aurait pu en sortir déjà s'il n'avait voulu choisir son heure pour rentrer en scène et s'il n'avait préféré attendre dans le recueillement le moment qui arrive aujourd'hui, où la cour et le régent font appel à son nom populaire, à son énergie éclairée et à son loyalisme pour conserver un trône à un enfant, et maintenir la suprématie de la dynastie qu'il incarne.

Dr BROQUET.

革命黨人就義

一九一一年十月二十九日,法國《小巴黎人》關於中國革命的報導,標題為:**中國的革命,革命者在漢口被行刑**。武昌起義爆發後,「養疴」中的袁世凱被再次啟用,他派蔭昌統領新軍南下剿滅革命軍。面對訓練有素、裝備精良的新軍,本在革命軍控制下的漢陽很快便陷落,很多革命黨人被公開處決。畫家依據自己的想像繪製了革命黨人行刑時的場面,滾落的頭顱和迸發的鮮血是革命的代價。

Le Petit Parisien

23ᵉ Année. — Nº 1186. — Nouvᵉˡˡᵉ Série. — Nº 118.
CINQ CENTIMES
Supplément Littéraire Illustré
Dimanche 29 Octobre 1911
CINQ CENTIMES

LA RÉVOLUTION CHINOISE

Exécution à Han-Kéou de révolutionnaires pillards et incendiaires

當清軍碰到革命軍時

一九一一年十月二十九日，法國《小報》彩色石印畫。
原圖說：**發生在中國的叛亂：軍隊的演變**。這是辛亥
革命發生當月的法國報刊，中國革命消息傳來，激發
了外國畫家的靈感，並將中國軍隊的演變，以生動有
趣的方式畫下來，做為鮮明的對照。最左邊的虎頭兵
形象來自威廉‧亞歷山大隨馬戛爾尼使團訪問中國後
繪製的水彩畫，左二是「五十年前」的將軍裝束，正
中的紫色官袍是「二十年前」的將軍裝束，左四的藍
衣紅褲是在法國軍隊中實習的中國軍官裝束，最右邊
是新軍中的軍官和士兵，後兩者均為革命軍的主力。

Le Petit Journal

ADMINISTRATION
61, RUE LAFAYETTE, 61

Les manuscrits ne sont pas rendus

On s'abonne sans frais
dans tous les bureaux de poste

5 CENT.

22me Année

SUPPLÉMENT ILLUSTRÉ

5 CENT.

—— ** ——

Numéro 1.093

ABONNEMENTS

	SIX MOIS	UN AN
SEINE et SEINE-ET-OISE..	2 fr.	3 fr. 50
DÉPARTEMENTS............	2 fr.	4 fr. »
ÉTRANGER	2 50	5 fr. »

DIMANCHE 29 OCTOBRE 1911

A PROPOS DU MOUVEMENT INSURRECTIONNEL EN CHINE
L'évolution de l'armée chinoise

Soldat du
Régiment des Tigres
Il y a cinquante ans

Un Général
Il y a cinquante ans

Un Général
Il y a vingt ans

Officier supérieur et soldat
Tenue actuelle

Officier Chinois faisant un stage
aux Hussards en France

漢口戰鬥寫真

一九一一年十一月四日，法國《求精報》關於辛亥革命中漢口的報導，標題為：**戰鬥結束後的漢口海關前**。在北洋軍和海軍的進攻之下，革命軍退出漢口，在渡江時被伏擊而損失慘重。圖片共兩張，左圖為被紅十字會救起的溺斃革命軍屍體；漢口法國領館內警戒的工作人員。

N° 354   LE NUMÉRO QUOTIDIEN **10** Cent. — ÉTRANGER : **20** Cent.   ★   SAMEDI 4 NOVEMBRE 1911

·EXCELSIOR·

Journal Illustré Quotidien

Directeur : Pierre LAFITTE
ABONNEMENTS (du 1er ou du 16 de chaque mois)
France : Un An : 35 fr. - 6 Mois : 18 fr. - 3 Mois : 10 fr.
Étranger : Un An : 70 fr. - 6 Mois : 36 fr. - 3 Mois : 20 fr.

Informations - Littérature - Sciences - Arts - Sports - Théâtres - Élégances

88, Champs-Elysées, PARIS
TÉLÉPHONES :
5 Lignes : 557-44, 557-45, 528-64, 528-66, 528-68
Adresse Télégraphique: EXCEL - PARIS

Les premières photographies de la Révolution chinoise

APRES LA BATAILLE : DEVANT LA DOUANE DE HANKEOU

La révolution a été particulièrement sanglante à Hankeou. Les révolutionnaires ont trouvé devant eux les troupes régulières, et le sang a coulé dans les rues de la ville. Les premières photographies témoignant de la révolte chinoise qui soient arrivées en Europe sont parve-

LE CONSULAT DE FRANCE DE HANKEOU GARDÉ PAR LES ANNAMITES

nues hier à *Excelsior*. L'une montre des cadavres de Chinois sur la place de la Douane, à Hankeou; l'autre, le consulat français gardé par la police, composée d'anciens tirailleurs annamites. On y voit (1) M. Réau, consul de France, et (2) M. Nussbaum, chef de la police française.

Pèlerinage franco-allemand à Bruxelles

(Phot. Hennebert.)

Un double pèlerinage vient de se dérouler au cimetière de Bruxelles à l'occasion de la fête des morts. Nos photographies représentent, en haut, les vétérans français venant déposer des couronnes sur le monument élevé aux soldats morts au champ d'honneur en 1870, et, en bas, les Allemands devant le monument similaire élevé à ceux des leurs tombés dans la même guerre. Les Allemands avaient salué tout d'abord au passage le monument français.

L'affaire Valesi à Aix

(Phot. Jouven.)

Avant-hier se sont ouverts, devant la cour d'assises des Bouches-du-Rhône, les débats de l'affaire Valesi, dont nous avons entretenu nos lecteurs. On sait le drame qui se déroula le 21 septembre 1910 à l'asile de Montperrin : le directeur, M. Guichet, fut tué par un employé de l'asile, le cordonnier Valesi. Voici (+) le meurtrier devant les assises, (2) son défenseur, Me de Moro-Giafferi et (3) le président des assises, le conseiller Audibert.

中國革命與袁世凱

一九一一年十一月四日，法國《畫報》關於辛亥革命
的報導，標題為：**中國的革命**。辛亥革命發生時，袁
世凱是整個事件的核心人物之一，這份報紙在起義之
初對他做了詳細的介紹。圖片共一張，是袁世凱的肖
像。

Vénus à Paris. La jugea-t-on indigne, dans l'état où elle était, brisée, privée de ses bras, de comparaître devant « le plus grand roi du monde » ? Toujours est-il qu'on la confia à François Girardon, alors dans tout l'éclat de sa vogue, avec mission de la restaurer, cependant qu'on ordonnait de pratiquer au théâtre d'Arles de nouvelles fouilles afin de retrouver les bras de l'immortelle : ces recherches demeurèrent vaines. Malheureusement, le travail de Girardon devait donner des résultats plus certains, comme vient de le prouver M. Jules Formigé.

Ce jeune architecte — le fils de l'éminent artiste dont l'influence sur l'évolution de l'architecture contemporaine fut si profonde et si heureuse — était, il y a plusieurs années déjà, chargé par le ministère de l'Instruction publique et des Beaux-Arts, d'une mission archéologique et artistique à Arles. Au cours de ses recherches dans la vénérable ville gallo-romaine, il découvrit un jour, oubliée sous la poussière, exilée sur un palier d'escalier, au dernier étage de l'école de dessin, une statue dont la beauté le frappa. C'était une Aphrodite mutilée, d'un type classique, facile à identifier, qu'il eut naturellement la tentation de comparer avec les autres images connues de la déesse. Et tout de suite, à son premier voyage à Paris, à sa première tournée à travers le Louvre, il constata la ressemblance frappante de cette Aphrodite avec la *Vénus d'Arles*, — leur identité.

M. Jules Formigé venait de mettre la main sur un moulage admirable, un moulage direct, en plâtre plein, de la statue découverte en 1651, au pied des deux colonnes du théâtre d'Arles.

Mais du même coup, il avait la révélation d'un grand méfait, et, comparant les deux œuvres, celle qui trôna si longtemps à Versailles avant d'aller au Louvre et celle d'Arles, reproduction fidèle et sans retouches de la statue primitive, qu'il avait pris le soin de photographier, constatait ce qu'avait fait d'un authentique chef-d'œuvre un sculpteur excellent, pourtant. On peut, en regardant les deux photographies reproduites ici — les mêmes qui ont été communiquées l'autre jour par M. Héron de Villefosse à l'Académie des inscriptions, stupéfaite et consternée — éprouver quel dut être l'état d'esprit du jeune artiste.

Le catalogue officiel des musées nationaux, énumérant les restaurations subies par la *Vénus d'Arles* dit : « Bout du nez, bas du cou, deux morceaux de l'oreille gauche, ce qui flotte des bandelettes, bras droit, avant-bras gauche, et mains, parties du vêtement, tour de la plinthe. » Hélas! si Girardon n'avait fait qu'ajouter ! Mais comme les seins étaient ébréchés, il les a repris, grattés et, pour leur conserver quelque relief, il a taillé, à beau ciseau, dans le torse entier. De la draperie, ample, souple, moelleuse, opulente, qui voile le bas du corps, il a fait un pauvre linge sec, élimé, misérable à faire frissonner.

Et la digne sœur de la *Vénus de Milo* — qui serait, d'après M. Héron de Villefosse, une œuvre grecque du quatrième siècle — est devenue sous sa raclette une plate et ascétique figure pour temple de style jésuite.

Il a fait plus encore. Il a, comme on l'a vu, rajouté — avec l'avant-bras gauche et la main où il plaçait un miroir — le bras droit tout entier; mais, comme ce qui restait de ce bras le gênait pour le geste qu'il voulait donner, il sciait un morceau du moignon malencontreux. Enfin, pour dissimuler la fantaisie dont il faisait preuve en adoptant ce mouvement du bras levé brandissant la pomme, ce mouvement de *Venus Victrix*, il supprimait, un tenon contre lequel, sans doute, dans la statue primitive, venait s'appuyer le bras, et qui eût attesté son erreur.

Lorsque la *Vénus d'Arles* ainsi accommodée fut présentée à Louis XIV, le roi se déclara satisfait, — ce qui serait pour faire douter de la pureté de son goût, si nous n'avions sur ce chapitre d'autres raisons de nous méfier. Et il complimenta Girardon.

Nous sommes aujourd'hui moins indulgents aux restaurateurs, et M. Jules Formigé n'eût-il fait que nous apporter, contre leurs redoutables pratiques, un argument de plus, qu'il mériterait d'être hautement loué.

GUSTAVE BABIN.

LA RÉVOLUTION EN CHINE

Les événements, en Chine, se succèdent avec une rapidité foudroyante, et là, moins que partout ailleurs, en ce moment, on ne peut prévoir ce que sera demain. Verrons-nous proclamer une république chinoise? Ou, plus simplement et plus probablement, un Empire constitutionnel moderne, doué de l'outillage parlementaire de nos civilisations occidentales, se substituera-t-il à l'absolutisme divinisé de la dynastie des Tsing?

La partie, un peu obscure pour nos mentalités d'Occidentaux, se joue entre les révolutionnaires maîtres du Sud, les réformateurs divisés entre eux et la Cour, affolée, d'un empereur enfant. Et voici ce qui, dans ce trouble et dès les premiers moments de véritable angoisse à Pékin, s'est produit d'extraordinaire sinon de tout à fait inattendu : la dynastie, menacée par trop d'adversaires, abandonnée par ses propres troupes et réduite à la seule fidélité certaine de sa garde mandchoue, faisait appel, pour la sauver, à l'énergie connue, à l'énorme influence, à l'ambition même, de l'homme qu'elle redoutait peut-être le plus au monde, à Yuan Shi Kaï.

Yuan Shi Kaï, le disgracié, presque le proscrit d'hier, obligé par le parti des princes, il y a deux ans, d'abandonner toutes ses hautes fonctions et renvoyé ironiquement en exil pour y soigner « ses rhumatismes à la jambe »! Ce dernier trait de Parthe, Yuan Shi Kaï, en bon Chinois qui a de la finesse et de la rancune, se garda bien de l'oublier, et cette jambe et ces rhumatismes jouèrent un rôle surprenant au cours des négociations qui précédèrent l'acceptation de la dictature par l'ancien vice-roi du Tchili. Car Yuan Shi Kaï ne consentit pas tout de suite à revenir en grâce, et il ne lui fallut pas moins d'une semaine pour réfléchir aux dangers et aux avantages qu'il pouvait y avoir, en les circonstances actuelles, à devenir le maître de l'heure en Chine. Aux lettres pressantes qui invoquaient le salut dynastique, l'exilé opposait l'état d'infériorité où le réduisaient ses inopportuns rhumatismes qui le tourmentaient toujours... Enfin, ces fâcheuses et constantes douleurs finirent par se calmer soudainement et Yuan Shi Kaï daigna faire accueil à l'édit qui lui conférait le titre de « plénipotentiaire suprême », et mettait sous ses ordres toutes les forces de terre et de mer.

On ne saurait donner des pouvoirs plus complets à un homme. On dit qu'à Pékin il y a, en ce moment, un train toujours sous pression, prêt à emporter définitivement vers Jehol, en Mandchourie, le petit empereur, les princes, toute la Cour. Il appartient à Yuan Shi Kaï de donner, ou non, le signal du départ...

Ainsi, la physionomie de ce personnage devient une fois de plus historique et mérite qu'on l'examine. Aussi ne jugeons-nous pas sans intérêt de présenter ici le visage du dictateur chinois, tel que le vit un de ses très rares et tout récents visiteurs européens. Ce n'est point là le type connu et tant de fois reproduit du grand dignitaire du précédent règne, en robe de haut mandarin luxueusement brodée et historiée. Le Yuan Shi Kaï, que l'on pouvait, il y a peu, entrevoir dans sa propriété d'exil, avait la tenue plus simple d'un bour-

geois aisé du Honan, exclusivement occupé de l'administration de ses domaines. Un collier de barbe blanche, coupée court, atténuant un peu l'énergie des traits et de la moustache militaire, changeait assez sensiblement le visage qu'il rendait moins traditionnel, plus moderne, davantage dans la note du jour...

Quant à deviner les pensées, les projets, les ambitions, qui peuvent s'agiter sous ce crâne chinois, derrière ce regard impassible et ce visage impénétrable, les familiers eux-mêmes du nouveau dictateur en seraient sans doute incapables...

La rentrée en scène de Yuan Shi Kaï, si elle n'a pas eu pour immédiate conséquence, malgré la reprise de Han-Kéou par les impériaux, un recul de l'insurrection, n'en a pas moins été marquée par des faits politiques d'une exceptionnelle importance : changements de ministres et de généraux, démission du président mandchou de l'Assemblée nationale ; enfin, sous la pression de cette assemblée, purement consultative, et sous la menace des troupes du Petchili, où figurent nombre d'anciens officiers de Yuan Shi Kaï, publication d'un édit impérial promettant une Constitution aux réformateurs et une amnistie aux rebelles.

Mais cet édit lui-même, qui ouvre largement la porte aux négociations — car Yuan Shi Kaï veut négocier — constitue le plus étonnant document qu'ait jamais produit la phraséologie chinoise, et il faut être Chinois pour ne point s'étonner de l'humilité obséquieuse des termes en lesquels le gouvernement impérial veut bien reconnaître ses torts. Au surplus, ce n'est plus sous le cachet habituel du régent mais sous la signature du tout petit empereur de cinq ans que ce *mea culpa* a été publié officiellement...

« Je règne depuis trois ans, dit l'enfant impérial, j'ai toujours agi consciencieusement dans l'intérêt du peuple ; mais, étant dépourvu d'habileté politique, je n'ai pas employé les hommes comme il convenait... »

Mais voici d'autres aveux dont le tour nous paraît curieusement puéril. Et ne croirait-on pas que c'est vraiment

Le maître de l'heure en Chine : Yuan Shi Kaï,
tel qu'il apparut, il y a quelques mois, pendant sa disgrâce, à un visiteur européen.

d'un enfant qui se confesse et se lamente:

« Quand j'insiste pour faire des réformes, les fonctionnaires et les notables en profitent pour détourner l'argent... On a pris beaucoup d'argent au peuple, mais on n'a rien fait pour son avantage. »

Et ces mots, où il y a de l'épouvante: « Un désastre approche, mais je ne le vois pas... Jour et nuit, je suis accablé d'inquiétude. »

Pauvre moutard! Tout cela, avoue-t-il, ce trouble profond de l'Empire, est de sa faute. Il jure de se réformer, d'appliquer fidèlement la Constitution, et surtout de réconcilier les Chinois avec les Mandchous.

Car, en ce dernier désaccord, en cette haine de races, si éloquemment exprimée dans *la Fille du Ciel* par Judith Gautier et Pierre Loti, en cet antagonisme de trois siècles passionnément étudié par tous les historiens de la civilisation chinoise, réside peut-être toute la question actuelle. C'est en assassinant les Mandchous que les insurgés, ces dernières semaines, célébraient leurs victoires... Le dictateur Yuan Shi Kaï sauvera-t-il de la révolution chinoise le petit empereur mandchou de cinq ans, dixième souverain de la dynastie des Tsing?

ALBÉRIC CAHUET.

不受打擾的孩子們

一九一一年十一月十一日，法國《畫報》關於辛亥革
命的報導，標題為：**那些沒有被革命打擾的人**。圖片
共一張，由廈門當地攝影師Mee Cheung所拍攝。

CEUX QUE LA RÉVOLUTION NE TROUBLE PAS. — *Phot. Mee Cheung, Amoy.*

Ils sont là sept petits Chinois fort occupés à vider leur bolée de riz, gloutonnement mais correctement, à la mode de leur pays, en maniant les traditionnelles baguettes, — cependant qu'un coq familier guette patiemment le geste généreux qui lui permettra de participer au festin.

La scène, tout récemment saisie, à Amoy, par un photographe local, M. Mee Cheung, est vivante et plaisante. Cette vision sereine de l'intimité chinoise, ce tableautin assez « vieille Chine » des tout petits à table est curieux à reproduire en un moment où la révolution et le progrès, très rapide, des idées modernes menacent de faire crouler sur ses bases millénaires la plus vieille monarchie du monde. Il est à remarquer que, parmi les sept petits Célestes de notre document, il n'y a que des garçonnets. Les fillettes sont ailleurs, on ne sait où, et peu importe, car les femmes comptent peu en Chine, où les hommes, et même les futurs hommes, ne les admettent pas à leur table.

激烈戰鬥的場景

一九一一年十一月二十二日，法國《求精報》關於辛亥革命的報導，標題為：**中國正經歷著最嚴重的敵對行動**。武昌革命發生後，清政府很快派出袁世凱的北洋軍前往鎮壓，革命軍和北洋軍發生激烈交戰。圖片共三張，上圖是燃燒的漢口城；左下是正在渡江的清軍；右下是紅十字會在收殮戰死的革命軍。

N° 372   LE NUMERO QUOTIDIEN **10** Cent. — Etranger : **20** Cent.   ★   MERCREDI 22 NOVEMBRE 1911

•EXCELSIOR•

Journal Illustré Quotidien

Directeur : Pierre LAFITTE
ABONNEMENTS (du 1ᵉʳ ou du 16 de chaque mois)
France : Un An : 35 fr. - 6 Mois : 18 fr. - 3 Mois : 10 fr.
Étranger : Un An : 70 fr. - 6 Mois : 36 fr. - 3 Mois : 20 fr.

33, Champs-Elysées, PARIS
TÉLÉPHONES :
5 Lignes : 557-44, 557-45, 528-64, 528-66, 528-68
Adresse Télégraphique : EXCEL - PARIS

Informations - Littérature - Sciences - Arts - Sports - Théâtres - Elégances

LA CHINE EST EN PROIE AUX PIRES HOSTILITÉS

A HANKEOU. - LES EFFETS DE LA LUTTE. - EN ROUTE VERS LE COMBAT

Les nouvelles de Chine sont très graves. La lutte entre impériaux et révolutionnaires se poursuit avec un acharnement intense, et, de part et d'autre, on compte de grosses pertes. Sur tout tantes, et toute la ville, depuis des semaines déjà, est désolée par les pires actes de guerre. le théâtre des soulèvements ce ne sont que ruines et désastres. A Hankeou particulièrement, les hostilités ont pris un caractère troublant; la situation des étrangers y est des plus inquié-

1. LA CONCESSION RUSSE EN FEU A HANKEOU (EXTRAIT DE L' « ILLUSTRATED LONDON NEWS »). — 2. LES TROUPES IMPÉRIALES, PRÈS DE HANKEOU, VONT COMBATTRE LES RÉVOLTÉS; CES MÊMES TROUPES FIRENT D'AILLEURS VOLTE-FACE ET SE JOIGNIRENT AUX ARMÉES REBELLES. — 3. LA CROIX-ROUGE S'APPRÊTE A ENLEVER LES CORPS DE QUARANTE-CINQ CHINOIS TUÉS DANS LA LUTTE (EXTRAIT DE L' « ILLUSTRATED LONDON NEWS » ET DU « DAILY GRAPHIC »).

革命前
瑞澂、張彪和黎元洪的合影

一九一一年十一月二十五日，法國《畫報》關於辛亥革命的報導，標題為：**中國的革命**。圖片共四張，從上至下分別為革命前鄂軍都督府官員合影，其中前排右數第八人為湖廣總督瑞澂，第七人為督軍張彪，左數第三人為黎元洪。瑞澂和張彪的逃走直接促成武昌起義的成功；被燒之前的湖北諮議局全景；被燒燬的湖廣總督府；燬於大火的漢口城。上方的照片同時包含漢口清軍和革命軍領袖，非常珍貴。

Général Li. Le vice-roi. Général Chang-Piaô.

Une réception du vice-roi du Hou-Pé à son yamen de Wou-Chang, au début de 1911.

LA RÉVOLUTION EN CHINE

Tandis qu'à Pékin, le premier ministère constitutionnel de la Chine, formé par l'énigmatique Yuan Shi Kaï, s'essaie à gouverner un empire en révolution, et bientôt peut-être en dissolution, les documents photographiques sur les origines de la crise, la révolte du Hou-Pé, les premiers combats entre insurgés et impériaux, commencent à nous arriver, par le Transsibérien. Les nouvelles photographiées ont à peu près un mois de retard sur les communications télégraphiques, mais elles n'en conservent pas moins tout leur intérêt, puisqu'elles nous donnent la vision des événements après que nous en avons pu lire le récit.

Sans doute, lorsque, en janvier 1911, le vice-roi du Hou-Pé réunissait en son yamen de Wou-Chang les fonctionnaires de son administration et les officiers de la garnison chinoise, il était loin de prévoir que, moins d'un an après, ce commandant général Chang Piaô, qui figure tout près de lui dans le groupe que nous publions, serait tué par une bombe, et que, sous les ordres de cet autre général, représenté dans le même document, le général Li, un simple brigadier, les officiers accueillis alors au yamen et, depuis, passés à la révolution, obligeraient leur vice-roi à fuir lamentablement son palais incendié...

Ce fut le jeudi 12 octobre que ce haut mandarin,

Le palais de l'assemblée provinciale à Wou-Chang, devenu le bureau central du comité révolutionnaire, puis la résidence du nouvel état-major.

jugeant la résistance inutile, fit prévenir le consul d'Angleterre à Han-Kéou que, Wou-Chang étant entre les mains des rebelles, le gouvernement ne pouvait plus garantir la sécurité de la population européenne. Instantanément, l'alarme donnée dans les concessions, les volontaires accoururent — parmi lesquels un groupe solide de Français armés de fusils et de baïonnettes — firent des rondes et occupèrent des postes stratégiques malgré les assurances transmises par le chef des rebelles, qui ne sut point d'ailleurs empêcher l'incendie des bâtiments arrière de la concession alle-

mande, où trois Japonais furent pris des torches à la main.

Quinze jours après, les mêmes Européens, sans cesser de se protéger à la fois contre les troupes de renfort du gouvernement et l'armée insurgée parée du brassard blanc, assistaient, en spectateurs fort intéressés, à des combats dont les télégrammes reçus en Europe n'ont pas dit tout l'acharnement : il suffit, à ce sujet, et pour témoigner de l'ardeur réciproque des adversaires, de citer ce fragment caractéristique d'une lettre expédiée de Han-Kéou par un de nos compatriotes à la date du 30 octobre :

« Pour vous donner une idée de la bataille qui dure depuis quatre jours, je vais vous citer quelques chiffres. A l'appel d'hier soir, chez les impérialistes, 1.000 hommes manquaient, soit tués, soit blessés. Le chiffre, chez les révolutionnaires, doit s'élever à 2.000 au moins, soit, en tout, 3.000 morts et blessés. Et je crois que ce chiffre est encore au-dessous de la réalité, car j'ai vu de mes yeux des centaines et des centaines de cadavres sur le champ de bataille. Rien que dans les hôpitaux de la Croix-Rouge que viennent de fonder les Européens, il y a 800 blessés. Et le comble, c'est qu'on a dû séparer ces blessés, car ils se battaient entre eux. »

Ces faits de guerre civile ont naturellement, et depuis le début du mouvement insurrectionnel, été présentés de diverses manières, mais toujours en des récits très colorés par la presse chinoise des

Les ruines de l'entrée du yamen du vice-roi à Wou-Chang.

Le quartier occupé par la colonie allemande de Han-Kéou, après l'incendie du 13 octobre.

盛宣懷與福州海關

一九一一年十一月二十八日，法國《求精報》關於辛亥革命中福州的報導，標題為：**正在進行的中國革命**。武昌首義之後，全國多個省市相應革命，宣布獨立。右上圖片共三張，從上至下分別為福州的海關；盛宣懷肖像；馬尾船廠。

N° 347   LE NUMERO QUOTIDIEN **10** Cent. — Etranger : **20** Cent.   ★   SAMEDI 28 OCTOBRE 1911

·EXCELSIOR·

Journal Illustré Quotidien

Directeur : Pierre LAFITTE
ABONNEMENTS (*du 1er ou du 16 de chaque mois*)
France : *Un An* : 35 fr. - *6 Mois* : 18 fr. - *3 Mois* : 10 fr.
Étranger : *Un An* : 70 fr. - *6 Mois* : 36 fr. - *3 Mois* : 20 fr.

Informations - Littérature - Sciences - Arts - Sports - Théâtres - Elégances

88, Champs-Elysées, PARIS
TÉLÉPHONES :
5 Lignes : 557-44, 557-45, 528-64, 528-66, 528-68
Adresse Télégraphique: EXCEL - PARIS

Le roi de Grèce est notre hôte depuis hier

La révolution chinoise est en marche

M. LÉPINE   LE ROI DE GRÈCE   LE PRINCE GEORGES DE GRÈCE

Le roi de Grèce, venant de Francfort-sur-le-Mein, est arrivé hier matin à Paris, où il compte faire un séjour de deux semaines. Le souverain a été salué, à sa descente du train, à la gare de l'Est, par le lieutenant-colonel Guise, officier de la maison militaire du président de la République, par M. Mollard, par le préfet de la Seine et le préfet de police. Notre instantané a été pris au moment où notre hôte royal, au côté du prince Georges de Grèce, s'entretient avec M. Lépine. *(Central-Photos.)*

Les dernières nouvelles de la révolution chinoise sont particulièrement graves. Suivant les derniers télégrammes officiels chinois, la ville de Foutcheou serait prête à tomber au pouvoir des rebelles, qui se sont déjà rendus maîtres de la douane. L'arsenal tomberait bientôt, lui aussi, entre leurs mains.

1. LA DOUANE DE FOUTCHEOU, PRISE PAR LES INSURGÉS. — 2. L'ARSENAL MENACÉ DE FOUTCHEOU. — 3. CHENG-KOUNG-PAO, MINISTRE DES COMMUNICATIONS, QUI VIENT D'ÊTRE RÉVOQUÉ.

Stamboul en proie à un grand incendie -- Tout un quartier détruit

Un grand incendie a éclaté à Stamboul, comme nous l'avons dit, sur la place du Sultan-Bayazid. Tout un quartier a été détruit. Ce quartier avait déjà terriblement souffert lors du formidable incendie du 23 juillet, dont nos lecteurs se souviennent. Le centre du feu se trouvait, cette fois, à la mosquée de Bazajet, entre le ministère des Finances et le Grand Bazar, dans le territoire dit du Vieux-Sérail. Un nombre considérable de maisons ont été la proie des flammes, au cours de ce sinistre, dont nous publions ici une photographie.

袁世凱東山再起

一九一一年十二月十六日，法國《畫報》關於袁世凱
東山再起的報導，標題為：**大權獨攬的袁世凱**。辛亥
年末的亂局之中，袁世凱因手握實權而成為各方籠絡
的對象。孫中山欲以臨時大總統職位相讓，清室也期
盼他能出面調解。畫報介紹了袁世凱在過去十多年裡
崛起的過程。圖片共兩張，上圖是袁世凱在北京住宅
所在的錫拉胡同；下圖是他被貶後舟上釣魚的照片。

La garde particulière de Yuan Shi Kaï, à l'entrée de la rue où le premier ministre
s'est installé, dans le yamen de son fils.

LE DICTATEUR CHINOIS YUAN SHI KAI

Pékin, 23 novembre.

Il y a eu peu de carrières politiques aussi mouve-
mentées et aussi bien remplies que celle du haut
mandarin auquel vient d'échoir, en des circonstances
exceptionnellement graves, la direction suprême de
la Chine. Yuan Shi Kaï, qui passa d'abord par le
mandarinat militaire — il y a peu de temps encore,
on le sait, fort méprisé — sut s'élever rapidement
aux fonctions du mandarinat supérieur. En 1894,
commissaire de la Chine en Corée, au moment du
conflit avec le Japon, il sut comprendre les leçons
de cette guerre malheureuse et, peu après, nommé
gouverneur du Chantoung, il y organisa la première
division de troupes modernes.

Le complot réformiste de 1898 le trouva dans cette
situation. L'empereur Kouang Su et Kang Yu Wei
comptaient sur son concours ; mais, comprenant le
peu de consistance de cette équipée de jeunes gens,
il préféra aviser de ce qui se tramait le vice-roi du
Petchili, Yong Lou, lequel avertit l'impératrice
douairière. On sait la suite : les chefs du mouvement,
sauf Kang Yu Wei, qui put s'enfuir, furent décapités ; l'empereur fut replacé sous la plus dure tutelle
et si étroitement soumis à l'autorité de sa terrible
tante qu'il dut, plus tard, la suivre jusque dans la mort.

En 1900, alors que toute la vieille armée chinoise
du Nord marchait avec les Boxers et le gouvernement contre les étrangers, il eut la grande habileté
de se tenir, avec sa division, soigneusement à l'écart.
En sorte que, lorsque Li Hung Chang mourut, après
avoir traité avec les Européens, il apparut comme
le seul personnage auquel on put confier le poste
délicat de vice-roi du Petchili que la disparition du
célèbre homme d'Etat laissait vacant.

Il occupait cette haute charge lorsque éclata la
guerre russo-japonaise. Me trouvant, à cette époque,
de passage à Tien-Tsin, je lui fus présenté par le consul de France, M. Rocher. C'était alors un homme
d'environ cinquante ans, d'apparence très robuste,
lourde même, avec un visage qui frappait par une
étonnante expression d'énergie brutale et de volonté.
Les premiers résultats de la rencontre entre la Russie et le Japon l'impressionnaient déjà vivement et
il s'occupait de créer des divisions nouvelles qui
furent le noyau de l'actuelle armée. Ensuite, il amor-
çait, dans sa vice-royauté, toutes les réformes dont
le trône devait s'inspirer plus tard, dans toutes ses
tentatives de modernisation.

En 1905 et 1906, en uniforme de général et en présence des officiers étrangers, il présidait aux premières grandes manœuvres qui firent une si vive
impression dans le monde. Un si grand succès devait
le perdre. Deux mois après cette deuxième exhibi-
tion militaire, il éprouvait sa première disgrâce. On
lui enlevait les nombreuses directions qui faisaient,
de lui, la cheville ouvrière de l'empire ; mais on lui
laissait cependant sa vice-royauté. Huit mois après,
à la suite d'intrigues savantes et d'alarmes révolutionnaires adroitement exploitées, il revenait en faveur et était appelé, à Pékin, au Grand Conseil. Il
était en même temps nommé président du Wei Wou
Pou.

A la fin de 1908, après la mort si mystérieuse des
précédents souverains, il retomba dans une disgrâce
beaucoup plus profonde que la première. Le régent,
soucieux, prétend-on, de venger son frère défunt,
l'empereur Kouang-Su, que Yuan Shi Kaï avait trahi,
en 1898, le dépouilla de toutes ses charges et lui or-
donna de se retirer dans son pays d'origine, le Honan. On a même dit que sa mise à mort avait été
résolue et qu'il n'y échappa que sur l'intervention
de hauts personnages et de diplomates étrangers.

Le ministre, ainsi sacrifié, partit sans qu'un seul
de ses anciens amis et obligés, contrairement à la
coutume, l'accompagnât à la gare. Il accepta d'ailleurs son sort en philosophe. Il s'installa, au nord du
fleuve Jaune, à Chang-te-fou, dans une magnifique
propriété qu'il fit entourer de hautes murailles, avec
de nombreux serviteurs et une garde personnelle solidement armée, et il y mena, dit-on, la vie d'un gen-
tilhomme campagnard frotté de littérature. L'année
dernière, un journal chinois disait : « Yuan Shi Kaï,
ex-conseiller d'Etat, dans sa propriété de Vei-Fei,
compose tous les jours des poésies en s'amusant
dans son jardin plein de chrysanthèmes (1). » Au mois
d'août, le *Tientoupao* rapportait que, depuis le com-
mencement de l'été, il s'habillait comme les cultiva-

(1) Nous avons, nos lecteurs s'en souviennent, publié un article et des documents sur les jardins de Yuan Shi Kaï dans
notre numéro du 28 octobre dernier.

teurs et se rendait, tous les jours, à ses champs, pour
les labourer. « Il a également fait construire, ajoutait-
il, un jardin potager où il se rend aussi quotidien-
nement pour arroser les plantes et les légumes. »

La confirmation de ces dires se trouve dans la
photographie ci-dessous que Yuan Shi Kaï m'a remise
lui-même, avant-hier, après une audience qu'il
m'avait accordée. Il y est représenté en costume de
paysan, pêchant à la ligne, sur une barque, dans le
bassin de son domaine. Comme il est d'usage plus
encore en Chine que chez nous, l'opérateur a arrangé
son modèle et l'a considérablement rajeuni, car cette
photographie est toute récente. Le visage, en réalité
plus lourd encore qu'il y a sept ans et très sensiblement vieilli, a été très aminci et c'est à peine si on
peut en distinguer la courte barbe blanche.

J'ai retrouvé l'ancien vice-roi dans le yamen de
son fils où il réside depuis qu'il s'est décidé à répondre
à l'appel du régent, hier encore, son plus mortel
ennemi. La rue, les jardins, les cours de son habitation et des maisons voisines étaient pleins de soldats en armes. Tout cet appareil militaire était
d'ailleurs justifié par des circonstances si critiques
que l'on peut se demander quels incidents extraor-
dinaires viendront s'ajouter à ce *curriculum vitæ*,
pourtant déjà peu banal. On peut d'autant mieux
se poser la question que les chances de la dynastie
deviennent, chaque jour, moindres, et que l'on ne
sait si Yuan Shi Kaï sera, demain, empereur ou s'il
présidera, comme dernier ministre, aux convulsions
suprêmes de la plus vieille nation du monde.

JEAN RODES.

Sur cette reprise sensationnelle du pouvoir par Yuan
Shi Kaï, d'autres correspondances de Chine multiplient
les détails, et, notamment, nous disent l'expression de
confiante bonne humeur qu'on pouvait voir sur le visage
du dictateur lorsque, « vêtu d'une fort belle soie jaune et
coiffé d'une ronde calotte », il descendit — au milieu des
baïonnettes de ses fidèles et des sabres de ses bourreaux
particuliers — du wagon qui le ramenait à Pékin. Sur la
situation générale en Chine, un de nos compatriotes nous
écrit : « Nous sommes en plein Bas Empire : révolte militaire dans les provinces ; massacres locaux ; coups
d'Etat de généraux populaires ; particularisme à ou-
trance ; absence chez le peuple de sentiment national,
même d'idée politique. » Et, de fait, ce ne sont point
les télégrammes parvenus de Chine, pendant ces huit derniers jours, qui peuvent nous donner des indications bien
précises sur les prochaines destinées de l'empire. Suc-
cessivement, en effet, nous avons appris l'abdication du
régent, le prince Tchoun, exigée évidemment par Yuan
Shi Kaï pour donner une première satisfaction aux adversaires de la dynastie ; le renouvellement de l'armistice, accordé aux rebelles, après le succès impérial de
Wou Tchang, et l'utilisation de cette trêve pour
la réunion d'une conférence à Chang-Haï, où des délégués de Yuan Shi Kaï, d'un côté, et des chefs révolutionnaires, d'autre part, chercheront un terrain d'entente.

Cependant, l'angoisse continue de régner à la cour de
Pékin : « Rien de plus tragique, nous écrit-on encore, que la
vision de ce palais, de ces murs aux tuiles jaunes derrière
lesquels on se lamente, ces murs épais, qui sont à la
fois une sauvegarde et un danger, et qui ont déjà
étouffé tant de cris de désespoir. »

Comment Yuan Shi Kaï, dans le costume des paysans chinois, occupait les loisirs de sa disgrâce.

Ce document, où le personnage a été très retouché et rajeuni par l'auteur chinois du cliché, a été remis
par Yuan Shi Kaï lui-même à M. Jean Rodes.

東南亞華人的動向

一九一一年十二月十六日，法國《畫報》關於辛亥革命時東南亞的報導，標題為：**東南亞華人對革命的反應**。武昌起義成功，接下來各省紛紛宣告獨立，滿清王朝岌岌可危。海外華人對這一事件非常關切，革命的成功也影響了他們的生活。圖片共兩張。呈現西貢街頭的情景。人們也開始剪去象徵清朝的辮子。

maine, toutes les formes du génie ; il les, connaissait les avait lus et relus, pouvait en réciter par cœur de longs passages. Mᵐᵉ Rostand ne se découragea point. Penchée sur l'énorme pile, elle cherchait... Ses doigts rencontrèrent un livre dont l'aspect est connu de tous, qui, au temps de notre enfance, nous faisait bondir de plaisir autant qu'un jouet ; ce livre avait une couverture en un papier satiné et rose, et portait en titre : *Un bon petit diable, par Mᵐᵉ la comtesse de Ségur, née Rostopchine* ; puis au-dessous : *Maison Hachette. Bibliothèque rose !* Enchantement de nos quinze ans !...

Maurice Rostand repoussa le roman comme trop puéril ; à ses dix-huit ans qui connaissaient toutes les productions de l'esprit, il fallait quelque chose de plus substantiel. Mais Mᵐᵉ Rostand en avait commencé la lecture à haute voix ; ne voulant pas l'interrompre, il dut se résigner à écouter. Elle en lut une page, puis deux, puis dix, puis ne s'arrêta pas. Et voilà que, peu à peu, l'ennui quittait la chambre, le silence n'était plus désert, il avait comme quelque chose d'attentif ; le convalescent ne bougeait plus, il écoutait avec les yeux, avec les oreilles. Le soir vint, on alluma la lampe, Mᵐᵉ Rostand lisait toujours ; le petit livre opérait sa magie, éveillait le même intérêt qu'il éveillait en nous tous autrefois. Ses héros suscitaient la colère, la pitié, l'attendrissement. Charles, le bon petit diable, l'enfant fantaisiste qui aime faire des farces ; Mᵐᵉ Mac-Miche, la vieille avare méchante qui fait souffrir Charles ; Betsy, la femme de chambre de Mᵐᵉ Mac-Miche qui a élevé Charles et le protège ; Juliette, l'aveugle, qui aime Charles ; Old Nick, le professeur du collège où est enfermé Charles et dont la méchanceté s'emploie à le faire souffrir : tous sortaient du récit, aussi amusants que la première fois que nous les vîmes, si amusants, et si vivants, si captivants que, quand le gong d'Arnaga tinta pour le dîner, Mᵐᵉ Rostand ne bougea pas, absorbée par le livre qu'elle lut jusqu'à la dernière page. A peine l'avait-elle fermé que je vis dans ses yeux et dans les yeux de son fils, cette sorte d'éclair, ce regard fixe que l'on a quand brusquement les pensées se joignent. Il y eut un silence, puis cette exclamation simultanée : « La jolie pièce à faire !... »

Le lendemain, Mᵐᵉ Rostand et son fils se mettaient à l'œuvre. Mais la santé d'Edmond Rostand, des allées et venues entre Paris et Cambo motivées par les préparations de *Chantecler*, des poèmes que Mᵐᵉ Rostand avait promis, empêchèrent un tra-

M. Maurice Rostand.
Dessin de Mˡˡᵉ Hélène DUFAU.

vail suivi. Néanmoins, à travers tous ces obstacles, la pièce se fit. Elle est faite ; demain le Gymnase la jouera. Ce qu'elle est ? Je ne vous le dirai pas. Je ne ferais que diminuer le plaisir que vous aurez à la voir. Ce que j'en puis dire, c'est qu'elle n'a aucun rapport avec le roman de Mᵐᵉ de Ségur. Même titre, mêmes personnages. Charles, Mᵐᵉ Mac-Miche, Betsy, Juliette, Old Nick, Lucy, tous sont là ; ils ont le même caractère, la même âme ; mais l'action est complètement différente de celle du roman ; et d'autres personnages, les fées qui protègent Charles, la colombe poignardée, viennent s'ajouter aux héros de Mᵐᵉ de Ségur.

Mᵐᵉ Mellot, le rossignol de *Chantecler*, celle dont la voix est une magie, un son tel que, dès qu'il s'élève, tous ceux qui l'entendent sont soudain immobiles, figés dans un saisissement, sera Juliette ; Galipaux, Mᵐᵉ Mac-Miche. M. Pradier, un jeune élève du Conservatoire, et M. Rocher, dont le talent fut très remarqué dans *Maman Colibri*, et qui se ressemblent étrangement, seront le bon petit diable, le premier durant le premier acte, le second pendant les deux actes suivants, où il a grandi. Les vers, ils ont l'éclat, la grâce, la voix ; ils ont ce rythme, ce balancement, ce ton, cet accent, qui sont les charmes profonds de la poésie. Ils sont bien de celui qui vient de composer *la Victoire de Samothrace*, ce volume que nous verrons bientôt, et de celle dont tant de poèmes : *les Voyages, les Jardins, le Baccalauréat, la Poupée. A mon fils*, ensoleillèrent si souvent les pages de *L'Illustration*.

Comment mieux clore ces lignes qu'en citant ces vers de Juliette, l'aveugle, à la colombe poignardée ? Mᵐᵉ Rostand pardonnera-t-elle à mon indiscrétion tentée ? Je ne les choisis pas ; je les répète parce qu'un soir de l'hiver dernier, à Arnaga, je les lui entendis réciter dans un petit salon en bois blond où elle a coutume de se tenir. Son inspiration venait de les lui dicter ; ils chantent encore dans ma mémoire...

> Ceux qui peuvent te voir, ô colombe, m'assurent
> Que tu portes, si blanche, une rouge blessure.
> Ne me l'eût-on pas dit, d'ailleurs, que sûrement,
> Rien qu'au tendre motif de ton roucoulement
> J'aurais pu deviner la place poignardée...
> Moi, c'est en t'écoutant que je t'ai regardée,
> Et j'avais entendu la tache et le frisson,
> Car il y a du sang aussi dans ta chanson !

PAUL FAURE.

LES CHINOIS D'INDO-CHINE ET LA RÉVOLUTION

Comme il fallait s'y attendre, les événements de Chine ont commencé d'avoir leur répercussion en Indo-Chine. Le 10 novembre, à Cholon, faubourg chinois de Saïgon, des dépêches annonçaient que Nankin avait capitulé devant les révolutionnaires, et que Canton avait proclamé son indépendance. Aussitôt, les Chinois manifestèrent en faveur de la république ; les maisons se pavoisèrent aux couleurs de la révolution (bleu avec soleil irradié blanc), et des fêtes s'organisèrent auxquelles prit part toute la population en liesse. En foule, les Célestes assiégèrent les échoppes des perruquiers, qui, paraît-il, coupèrent plus de quinze mille nattes.

Quelques incidents se sont produits, naturellement, dans toute cette effervescence. Les autorités avaient informé les chefs de congrégation que, le gouvernement français n'ayant pas encore eu à reconnaître la république chinoise, on ne pourrait tolérer des emblèmes séditieux. Mais l'enlèvement desdits emblèmes n'alla point sans difficultés. C'est ainsi qu'un chef de la deuxième congrégation de Canton, ayant voulu donner l'ordre d'enlever certaines inscriptions, faillit être écharpé.

M. Drouhet, maire de Cholon, accompagné de tous les chefs de congrégation, dut parcourir la ville pour exhorter au calme cette population surexcitée et rappeler à la discipline tous ces Chinois qui, pour célébrer la fin d'un régime, avaient commencé par se priver de leur natte.

A noter que dans l'une de nos photographies flotte un drapeau blanc à bandes horizontales où est écrit en caractères célestes : « Vive le progrès ! »

LA RÉPERCUSSION EN INDO-CHINE DE LA RÉVOLUTION CHINOISE. — Les habitants de Cholon, faubourg chinois de Saïgon, pavoisent leurs maisons aux couleurs révolutionnaires et font couper leurs nattes.

孫中山與歐洲革命黨人

一九一一年十二月二十九日，法國《求精報》關於孫
中山革命歷程的報導，標題為：孫中山和他在歐洲革
命同志的合影。圖片共三張，從左至右分別為孫中
山；孫中山和他在歐洲革命同志的合影；袁世凱。

N° 409   LE NUMERO QUOTIDIEN 10 CENT. — ÉTRANGER : 20 CENT.   ★   VENDREDI 29 DECEMBRE 1911

·EXCELSIOR·
Journal Illustré Quotidien

Directeur : Pierre LAFITTE
ABONNEMENTS (du 1ᵉʳ ou du 16 de chaque mois)
France : Un An : 35 fr. - 6 Mois : 18 fr. - 3 Mois : 10 fr.
Etranger : Un An : 70 fr. - 6 Mois : 36 fr. - 3 Mois : 20 fr.

« Le plus court croquis m'en dit plus long qu'un long rapport. » (NAPOLÉON).

Informations - Littérature - Sciences - Arts - Sports - Théâtres - Élégances

88, Champs-Élysées, PARIS
TÉLÉPHONES :
5 Lignes : 557-44, 557-45, 528-64, 528-66, 528-68
Adresse Télégraphique : EXCEL-PARIS

La Seine monte -- Les précautions sont prises

Le mouvement ascensionnel des eaux de la Seine continue. La situation, à l'heure actuelle, n'offre aucun danger, mais nous sommes habitués, depuis deux ans, à tout attendre des débordements du fleuve. En plusieurs endroits de la traversée de Paris, le flot affleure les quais.

Si la situation ne s'améliore pas, les cargo-boats qui font le service direct entre Paris et Londres vont se trouver bloqués au port Saint-Nicolas. Aussi, malgré les précautions prises, le Parisien n'inspecte-t-il pas sans une certaine inquiétude le baromètre de la crue.

1. LE MAXIMUM DE LA CRUE EN 1910, AU PONT-ROYAL. — 2. LE NIVEAU ACTUEL AU MÊME PONT. — 3. LE MAXIMUM DE LA CRUE AU PONT DE L'ALMA. — 4. LE NIVEAU ACTUEL AU MÊME PONT. — 5. L'EAU ENVAHISSANT LES BAS-PORTS, A GRENELLE. — 6. EN FACE LE PALAIS-BOURBON, UN PONTON DONT ON A ÉTÉ OBLIGÉ D'ENLEVER LA PASSERELLE. — 7. AU QUAI DE JAVEL, UN PONTON DONT LA PASSERELLE EST INONDÉE.

Sun-Yat-Sen et le comité révolutionnaire chinois d'Europe

Sun-Yat-Sen, qui vient d'arriver à Shanghaï après avoir traversé New-York, Londres et Paris, est le candidat le plus désigné à la présidence de la République chinoise. Yuan-Shi-Kaï qui, hier encore, tout en défendant la dynastie mandchoue, espérait la magistrature suprême, devra sans doute s'incliner devant l'autorité de Sun-Yat-Sen qui, en fondant le Comité révolutionnaire chinois d'Europe — dont nous publions ici une photographie absolument inédite — s'est affirmé comme l'organisateur incontesté du mouvement républicain.

A. LA DERNIÈRE PHOTOGRAPHIE DE SUN-YAT-SEN (PHOT. H. MANUEL). — B. LE COMITÉ RÉVOLUTIONNAIRE CHINOIS D'EUROPE, RÉUNI A BRUXELLES SOUS LA PRÉSIDENCE DE SUN-YAT-SEN : 1. HOU-YUN; 2. CHET-SING; 3. PING-ZON-SOUI; 4. HO-TSETSAI; 5. WEI-SUNTCHOU; 6. TCHENG-KOUANSING; 7. TCHENG-KOU-HAN; 8. CHU-HO-DSCHUNG; 9. SUN-YAT-SEN; 10. KOUANG. — C. YUAN-SHI-KAI.

革命軍在雲南

一九一一年十二月三十日，法國《畫報》關於辛亥革命中雲南的情況，標題為：**雲南的革命**。圖片共三張，上圖是擔心清軍報復而設置防線的革命軍砲兵；左下是革命軍總部大門前；右下是在法國領事館的蔡鍔將軍和法國領事。

Les révolutionnaires, craignant un retour des troupes impériales, ont installé leurs batteries sur le terre-plein de la gare.

LA RÉVOLUTION AU YUNNAN

Nous recevons d'un de nos compatriotes établi au Yunnan les intéressantes notes qui suivent sur la prise de possession par les révolutionnaires de cette province touchant notre frontière du Tonkin et qui, comme on sait, fait partie de la zone réservée à l'influence française par la convention franco-chinoise de 1898 :

La Révolution ? On n'y croyait guère ! Les troupes rebelles s'étaient bien emparé déjà de la plus grande partie de la vallée du Yang-tsé. Mais cette population yunnanaise tranquille, apathique, simple et si indifférente en somme, comment saurait-elle conduire ou seulement servir une révolution ? A vrai dire, ce n'est pas la population qui eut l'initiative, ni le désir, de ce mouvement. La révolution a ceci de particulier que, dans notre province, elle est purement militaire. Les nouvelles troupes, fort bien armées, semblent avoir obéi, ici comme ailleurs, à un plan parfaitement cohérent et combiné.

Aucun indice d'effervescence, si ce n'est, huit jours avant, une proclamation révolutionnaire où les « crimes des Mandchous » étaient longuement énumérés et flétris. Donc, le 30 octobre, à 10 heures du soir, après un signal de deux coups de canon, le camp du 73e d'infanterie brûlait. Aussitôt, les troupes se concentrèrent sur le terrain de manœuvre avec ce mot de ralliement : *t'ong pâo* (frères).

Puis elles se scindèrent en deux détachements qui allèrent attaquer, l'un la porte du Sud, l'autre la petite porte de l'Est. Celle-ci fut forcée et la fusillade commença à travers les rues de la ville. Quelques hommes des anciennes troupes opposèrent une courageuse résistance avec le général Tsong à leur tête. Celui-ci, blessé mortellement dès le début de l'action, eut pourtant la force de s'agenouiller et de saluer ses hommes avant de mourir. Il fut décapité. Sa tête, au haut d'une pique, fit le tour de la ville, pendant que ses hommes se faisaient tuer jusqu'au dernier.

Les troupes s'emparèrent d'abord de la colline de Ou-Houa, qui domine toute la ville, puis du magasin d'armes. Alors commença la chasse aux mandarins. Le yamen du *chio-t'ai* (recteur) fut incendié ; celui du vice-roi, bombardé toute la nuit et, vers midi, le lendemain, complètement pillé. L'arsenal, qui tenait encore, dut se rendre ; l'intendance fut prise ainsi que la monnaie. Le consulat de France, l'hôpital, la poste et les écoles françaises se trouvant adossés à la colline de Ou-Houa furent toute la nuit et dans la matinée sous le feu des mitrailleuses, des canons et de l'infanterie. Aucun accident d'Euro-péen n'est à signaler. Les blessés des deux partis affluent à l'hôpital français, où nos médecins leur prodiguent des soins dévoués.

Il y a eu, croit-on, 500 morts sur un effectif de 8.000 hommes. Les mandarins furent littéralement traqués dans la journée du lendemain et les jours suivants. L'un d'eux, le grand trésorier Che, de race mandchoue, fut pris et tué ; l'une de ses filles grièvement blessée. Le vice-roi dut se rendre ; il est gardé à vue et continue l'expédition des affaires courantes sous le contrôle des jeunes chefs républicains. D'autres ont pu se réfugier au consulat de France.

Le chef du gouvernement provisoire est le jeune général Tsai qui paraît avoir une trentaine d'années. Il a rendu visite aux consuls d'Angleterre et de France, s'est appliqué à rassurer la population et semble s'employer de son mieux à ce que les affaires soient reprises au plus tôt.

Cette reprise des affaires, d'ailleurs, paraît entièrement subordonnée à la pacification de l'empire. D'après les derniers télégrammes, on continue à discuter à Pékin et à Chang-Haï sur le principe d'une assemblée nationale qui déciderait si la Chine doit être placée sous le régime républicain ou sous celui d'une monarchie constitutionnelle. Il faut donc encore prévoir un assez long temps d'incertitude, à moins qu'une intervention étrangère, possible sinon probable, ne brusque les événements !

L'entrée principale du quartier général révolutionnaire : sur l'arbre, à droite, tête d'un pillard décapité.

Le général Tsai, chef du gouvernement provisoire du Yunnan, vient de rendre visite au consul de France : à sa droite, l'interprète du consulat.

UNE VILLE CHINOISE ACQUISE A LA RÉVOLUTION : YUNNAN-FOU

袁世凱與晚清勳貴

圖片共五張，從左至右，從上至下分別是袁世凱的保
鑣；巴黎的中國留學生會；肅親王、那桐等人在德國
使館內；承德的塔；上海的街道。

LA GARDE DU CORPS du dictateur Youan-Chi-Kaï, à Pékin ; le crédit de cet homme d'Etat a baissé, depuis qu'on lui attribue des visées personnelles   Cl. Harlingue.

UN COMITÉ RÉVOLUTIONNAIRE, composé d'étudiants chinois habitant Paris et inspiré directement par Sun Yat Sen, se réunit chaque semaine rue Vaneau.

L'EX-RÉGENT, oncle du jeune empereur de Chine, s'est fait photographier au milieu des princes mandchous, dont la domination sur l'Empire du Milieu touche vraisemblablement à sa fin. Devant les progrès des républicains, les membres de la dynastie régnante paraissent, en effet, décidés à se retirer dans la ville de Djehol, qui possède un splendide palais impérial.   Cl. Harlingue.

LA TOUR du palais impérial, à Djehol ou Jéhol, ville de 250 000 habitants, au nord de la Grande Muraille, dans la province du Petchili.   Cl. Harlingue.

A SHANGHAÏ : cette vue représente une rue populeuse de la ville qui comprend des concessions étrangères, notamment une concession française, administrée par un conseil municipal français. Shanghaï est une des plus commerciales cités de la Chine ; on y suit très attentivement la marche de la révolution.

日本畫報中的辛亥革命

日本畫報對辛亥革命的報導。辛亥革命改變了中國的
命運，周邊國家對此十分關注，法國畫報刊載了日本
人繪製的對這一事件的圖片報導。

1. « Les révolutionnaires ont construit au champ de courses un autel sur lequel ils déposent des offrandes après avoir annoncé leurs succès à l'esprit du Ciel, de la Terre et des Ancêtres. »

2. « Le général Yin-tchang, ministre de la Guerre. » Yin-tchang, ancien ministre de Chine à Berlin, fut, dès le premier jour, envoyé à Han-Kéou avec deux divisions du Tchili pour réduire les rebelles.

3. « Quelques étudiantes s'enrôlent dans l'armée révolutionnaire. Le général républicain Li les invite à former une armée qui aura une destinée glorieuse dans l'Histoire de notre patrie. »

4. « Le combat sur terre et sur eau. Huit heures du matin. La flotte de l'amiral Sha remonte le fleuve. Les révolutionnaires ont déjà pris leurs positions. A midi, ils attaquent avec force les impériaux près de la gare donnant sur le fleuve ; ils sont 3.000 fantassins avec 8 canons de campagne. La flotte répond par quelques coups de canon ; les impériaux s'enfuient. A deux heures, la gare est prise par les révolutionnaires. »

5. « Houang-Hing. » Houang-Hing est le bras droit du chef républicain Sun Yat-sen. Il est diplômé de l'Ecole des sciences politiques du Japon.

6. « Prise de Wou-Chang. » La capitale du Hou-Pé est prise par 60 cavaliers révolutionnaires. »

7. « Le général Kiang Kouei-ti. » Ce général, après avoir été battu avec quelques troupes impériales, abandonna la lutte.

8. « Sun Yat-sen » ou « Souen Wen. » Leader du parti républicain.

9. « Un attaché du ministère japonais des Affaires étrangères assiste au combat. »

10. « Le grand combat de Che-hing. Les révolutionnaires sont protégés par le feu de l'artillerie. Bientôt les impériaux s'enfuiront. »

11. « La voie coupée. Un ouvrier de la fonderie (de Han-yang) détruit plus de 30 mètres de rail. A ce moment le train amenant les impériaux arrive à toute vitesse, le déraillement est terrible. Les révolutionnaires, retranchés, attaquent fortement les soldats impériaux qui prennent la fuite ; un détachement républicain les poursuit. C'est le grand combat. »

12. « Grand combat à Wou-Chang et grande victoire des révolutionnaires. »

13. « Le général Li Yuan Houng. » C'est le général de brigade du Hou-Pé qui, le premier, leva l'étendard de la révolte.

Une page illustrée de journal chinois présentant les hommes et les faits de la révolution.

grandes villes. Dans tous les exemplaires des journaux de quelque importance sont encartés des suppléments illustrés, qui sont également vendus séparément pour un prix modique. La presse indigène de Chang-haï s'est particulièrement distinguée dans ce genre d'informations. Dans Shantung Road, la rue du Faubourg-Montmartre de Chang-haï, la population chinoise forme des attroupements bruyants devant les journaux qui affichent des nouvelles, et se dispute avec ardeur les placards ornés d'images. Nous reproduisons ci-dessus un de ces documents qui a pour titre : *Croquis pris par un Japonais assistant au combat.* Le texte des légendes, exactement traduit, ajoute à la saveur toute chinoise du dessin.

Ainsi, ce curieux placard nous montre comment, dès le milieu du mois dernier, dans les ports ouverts de la Chine, on mettait la révolution en images. Bien entendu, nous ne garantissons point en leur détail pittoresque, la réalité des faits racontés par ces illustrations primitives et destinées surtout à frapper l'imagination populaire... Au reste, les événements ont marché depuis que ce document nous a été expédié par le Transsibérien. L'attention du public s'est quelque peu détournée des faits militaires. C'est maintenant non plus au quartier général révolutionnaire mais dans la capitale même, à Pékin, d'où négocie laborieusement Yuan Shi Kaï avec tous les partis, que paraît devoir se décider le sort, actuellement bien compromis, de la dynastie mandchoue...

Le généralissime des armées de la République chinoise : Li Yuen Hung. — *Phot. Jean Rodes.*

LA RÉVOLUTION EN CHINE

La situation actuelle en Chine est la suivante : deux gouvernements, la monarchie (depuis peu constitutionnelle) représentée aujourd'hui encore à Pékin par la dynastie mandchoue, et la jeune république proclamée d'hier à Chang-Haï et présidée par le docteur Sun Yat Sen, se disputent le pouvoir sur l'ensemble du pays. Huit provinces du Nord, comptant environ 200 millions d'habitants, sont demeurées soumises à l'autorité impériale, qui continue en outre de s'exercer tant bien que mal dans les dépendances : Mandchourie, Thibet et Turkestan. Les républicains occupent effectivement huit provinces du Sud, représentant aussi une population de 200 millions d'habitants. D'autre part, le Chen-Si

(8 millions et demi d'habitants) est aux mains des pirates, cependant que la Mongolie au Nord et le Yun-Nan au Sud (voir notre numéro du 30 décembre) ont séparé leur cause de celle des Mandchous, sans, néanmoins, se rallier à la république de Sun Yat Sen. Mais il est évident que la solution de la crise dépendra surtout de l'issue de la lutte reprise entre les deux grandes forces adverses, les deux armées d'importance numérique à peu près égale, qui soutiennent respectivement les principes opposés, monarchiques et révolutionnaires. Le centre de la lutte est toujours représenté par cette capitale du Houpé, curieusement divisée en trois villes, Wou-Tchang, Han-Kéou, Han-Yang, où la révolution a pris naissance et dont nous avons (*L'Illustration* du 21 octobre et du 25 novembre 1911) donné la description avec plans, dessins et vues photographiques. Les impérialistes ont pu reprendre Han-Kéou et Han-Yang, et ils s'apprêtaient

à bombarder Wou-Tchang lorsque intervint l'armistice qui obligea les troupes de l'un et de l'autre parti à demeurer sur leurs positions. Ce fut pendant ces jours de trêve que M. Jean Rodes, remontant jusqu'à Han-Kéou le cours du Yang-Tsé, put visiter les adversaires en présence dans la capitale du Houpé et documenter la si intéressante lettre publiée ces jours derniers par notre confrère le *Temps*, dont il est l'envoyé spécial, en même temps que noter, pour nous, les pittoresques impressions instantanées, explication et commentaire de caractéristiques photographies qu'il nous a adressées, le 18 décembre dernier, et dont nous ne pouvons reproduire que deux dans ce numéro.

« J'ai trouvé, nous écrit M. Jean Rodes, les concessions étrangères hérissées de barricades et, sur le fleuve, un nombre respectable de canonnières de tous pavillons. Bien loin de croire que tout danger ait disparu, les Européens estiment que des éventualités redoutables peuvent, dans un avenir assez prochain, se produire. Par suite de la misère, excessive cette année, par suite aussi du bouleversement de toutes choses et de la grande masse d'hommes armés appartenant à la lie de la population, on craint que tout cela ne se termine par une énorme piraterie et un violent mouvement antiétranger dont on constate déjà avec inquiétude les signes avant-coureurs un peu partout. Aussi, bien que les opérations militaires entre les deux partis chinois soient suspendues, et que, de toute manière, la prise d'Han-Yang les ait éloignées des concessions, on n'en continue pas moins à y élever des travaux de défense dont les photographies que je vous envoie vous donneront une idée. Ces travaux ont pour but de permettre, en cas d'une attaque directe, la retraite des étrangers vers le fleuve et leur embarquement sur les canonnières.

» On pense bien que j'avais hâte de me rendre compte si la destruction de la cité chinoise était aussi complète qu'on l'avait annoncé. Muni d'un laissez-passer de l'armée impériale, j'allai, le jour même de mon arrivée, faire cette petite exploration. Je ne tardai pas à être fixé. Dès que j'eus franchi le quartier qui borde la concession anglaise et qui a été épargné par les flammes parce que les incendiaires n'y ont pas apporté la torche et que le vent soufflait en sens contraire, un extraordinaire tableau de décombres et de ruines s'offrit à ma vue. Il ne restait rien de la ville dont le grouillement et le caractère chinois intense rappelaient Canton. La grande métropole commerçante de la Chine centrale n'existait plus. J'ai erré avec une véritable angoisse dans cet immense champ de briques écroulées, parmi les débris informes de murailles, cherchant en vain à me souvenir de ce que j'y avais vu de si coloré et de si vivant la dernière fois que j'y étais venu, au mois de mai dernier. La solitude et le silence n'y étaient troublés que par la présence de sentinelles et de patrouilles d'impériaux que j'aurais, d'ailleurs, autant aimé ne pas y rencontrer. Ces soldats aux pommettes saillantes et aux yeux obliques, le large sabre de bourreau que l'un d'eux portait en sautoir sur l'épaule, l'éclair des baïonnettes aux canons des fusils, tout cela, au milieu de ces ruines, restera, dans mon esprit, comme une

vision barbare, comme une évocation saisissante des antiques guerres d'extermination.

» J'étais aussi très désireux de traverser le fleuve et d'aller voir de près, à Wou-Tchang, les révolutionnaires et leurs troupes. Cela n'était pas facile, les postes d'Han-Yang tirant sans scrupule, malgré l'armistice, sur toutes les embarcations allant chez les révolutionnaires et passant à portée de leurs armes. J'ai néanmoins pu faire cette intéressante excursion en compagnie de plusieurs de nos compatriotes d'Han-Kéou. Le général Li Yuen Hung, avisé de notre venue, nous avait envoyé un guide qui devait nous faire aborder à un endroit convenu, assez loin de la ville. Là, nous étions attendus par des délégués et par deux piquets d'honneur; et c'est sur des chevaux de la cavalerie révolutionnaire amenés à notre intention que nous avons fait notre entrée à Wou-Tchang. Tout le monde était sur les portes. A tous les coins de rues, des sentinelles nous présentaient les armes. Après un déjeuner à la mission des franciscains italiens qui nous reçurent fort aimablement, nous nous rendîmes à la résidence du général Li Yuen Hung. En dépit de la nouvelle tenue de planteur américain qu'il a cru devoir arborer depuis la révolution, ce brave militaire est visiblement de la plus vieille école. Il a certainement dû ses premiers galons à sa force musculaire et à son habileté dans le tir à l'arc. Il a, d'ailleurs, une bonne figure d'excellent homme, et, après nous avoir, au cours de la traditionnelle réception, récité une petite leçon, déjà entendue plusieurs fois, sur « la République, la meilleure garantie de la paix », il a bien voulu me poser la photographie que je joins à cette lettre... Nous avons ensuite traversé la ville que, hormis les drapeaux et la multitude de volontaires que l'on rencontrait de tous côtés, j'ai retrouvée aussi sale et puante que je l'avais vue à mes précédents passages.

» Ce qui m'a le plus frappé, au cours de cette intéressante promenade, c'est le nombre considérable de soldats et officiers qu'on rencontre dans tous les coins de la ville, les uns et les autres d'ailleurs improvisés et affublés des tenues les plus bizarres. Presque tous les hommes portaient l'habituel costume du campagnard chinois, mais les coiffures étaient les plus diverses : calottes de paysans, chapeaux mous, et aussi la casquette de voyage qui est en passe de devenir, depuis la coupe de la natte, le couvre-chef national de la Chine.

» Beaucoup de leurs chefs ont adopté, comme le général Li, la tenue civile et le feutre américain, avec lesquels le sabre et l'attitude militaire font un singulier mélange. Ces troupes se sont, en plusieurs circonstances, battues bravement mais avec une maladresse et une ignorance remarquables. Une armée tant soit peu exercée comme le sont les divisions du Nord dont dispose encore le gouvernement de Pékin, devrait les dominer très aisément. Mais rien ne sert d'avoir le meilleur instrument militaire si l'on n'a pas l'énergie de s'en servir à fond. C'est pourquoi je me garderai bien d'émettre, en ce moment, le moindre pronostic, car, si Pékin a encore la supériorité militaire, il semble bien que la volonté la plus forte soit actuellement du côté de la révolution. Et puis, nous sommes en Chine où tout se passe d'habitude au rebours de notre bon sens. »

A HAN-KÉOU. — Soldats révolutionnaires et leurs officiers, en tenues disparates.

On distingue, derrière la tête de certains d'entre eux, à la hauteur de la nuque, la coupe toute récente de la natte

黎元洪與革命軍 _(148頁圖)

一九一二年一月十三日，法國《畫報》關於辛亥革命的報導，標題為：**中國的革命**。其中文章為武昌起義後革命形勢的變化和發展。圖片共兩張，左圖是黎元洪正站在武昌鄂軍都督府前；右圖是漢口新徵召的士兵在訓練。

孫中山最早的彩色肖像

一九一二年二月十五日，法國《我全都知道》（*Je Sais Tout*）畫刊關於辛亥革命的報導，標題為：**孫中山，中華民國的總統**。圖片共一張，是孫中山的一張彩色肖像。這是目前已知孫中山最早的彩色肖像畫。

8ᵉ Année. Nᵒ 85 ∅ Le Volume Mensuel **1 fr.** net (Étr. 1 fr. 50) ∅ **15 FÉVRIER 1912**

Je sais tout

Cl. Manuel

SUN YAT SEN, PRÉSIDENT DE LA RÉPUBLIQUE CHINOISE

ÉDITIONS PIERRE LAFITTE & Cⁱᵉ, 90, AVENUE DES CHAMPS-ÉLYSÉES, PARIS

Les derniers porte-glaive de la monarchie déchue : les soldats-bourreaux de l'armée impériale modernisée.

LA RÉPUBLIQUE CHINOISE

C'est un événement accompli. La Chine est officiellement en république. Bien plus, l'existence de la république chinoise a été décrétée par l'empereur lui-même, l'empereur de six ans, qui — émouvante dérision — a fait un dernier usage de son pouvoir suprême en signant la déchéance de sa propre dynastie.

Les conditions de substitution de régime étaient discutées depuis des semaines entre Nankin et Pékin, entre les représentants de la république « officieuse », d'une part, et, d'autre part, Yuan Shi Kaï qui, tout en parlant au nom des princes et de la Chine traditionnelle, n'était, en réalité, le représentant de personne. Il était mieux. Il était, et nul n'a osé le méconnaître, le seul homme d'État de la Chine capable d'organiser, avec son autorité et sa grande expérience, un régime de transition et de conciliation

entre l'absolutisme d'hier et ce qui sera le parlementarisme de demain.

« Il est clair, maintenant, déclare l'empereur en son édit, que la majorité de la nation désire l'établissement d'une république. et, dans les préférences manifestées par le peuple, il faut reconnaître la volonté de Dieu. Comment pourrions-nous combattre le désir de millions d'âmes pour assurer la gloire d'une seule famille ? L'impératrice douairière et l'empereur, tenant compte de ces vœux, confèrent

Après l'attentat : la police et la garde personnelle (soldats en clair) de Yuan Shi Kaï défendant les accès de la résidence du premier ministre.

la souveraineté au peuple. En conséquence, moi, l'empereur, je décide que la forme du gouvernement en Chine sera une république constitutionnelle. »

En échange de bons procédés, les révolutionnaires conservent au petit empereur le titre de ta-tchin (de la dynastie très pure). Ils lui font une pension viagère annuelle d'environ 14 millions de francs, lui permettent de conserver le personnel du palais à condition que les nouveaux postes ne soient point donnés à des eunuques, et prennent la charge des sacrifices rituels à accomplir devant les tombes des ancêtres impériaux.

Il s'en est fallu de peu que cet arrangement qui laisse au souverain déchu une situation pleine de dignité, et facilite en même temps l'établissement de la jeune république dans les dix-huit provinces, ne fût signé de longtemps encore. Cette transaction fût en effet devenue fort incertaine, si son heureux négociateur, Yuan Shi Kaï, n'avait eu la chance presque miraculeuse d'échapper aux bombes, le 16 janvier dernier, alors qu'il se rendait au palais impérial.

Nos gravures de cette page témoignent combien l'attentat fut sérieux. Le cortège escortant la voiture où Yuan Shi Kaï fumait nonchalamment une cigarette passait devant un restaurant chinois, lorsqu'une explosion se produisit à l'endroit où se trouvait une borne-fontaine. Des hommes de police

Les bombes saisies, isolées sous un panier.

tombèrent, un cheval de l'escorte s'abattit sur son cavalier, et ce fut, dans la foule, une folle panique, tandis que les chevaux du premier ministre, indemne, le conduisaient rapidement jusqu'à sa résidence.

La police s'était aussitôt rendu compte que les bombes — il y en eut trois, dont l'une seulement fit explosion — avaient été jetées de la terrasse du restaurant, fort endommagé lui-même par l'explosion. Et, dans l'établissement aussitôt cerné, on arrêta deux clients, près desquels on découvrit six autres bombes.

En d'autres temps, on n'eût pas perdu grands loisirs à instruire ce procès. On eût fait venir sur place ces exécuteurs habiles qui, d'un seul coup du coupe-coupe tenu à deux mains, un coup sec donné sans élan, eussent habilement décollé les chefs des présumés coupables. Ainsi, d'ailleurs, en usèrent ou en abusèrent tout récemment encore les généraux des troupes impériales envoyées contre les insurgés et qui, selon la tradition, comprenaient, attaché à chaque bataillon ou même à chaque compagnie, un soldat-bourreau, portant, d'ailleurs, comme ses camarades, l'uniforme modernisé. Les troupes républicaines, au contraire, se sont abstenues de couper des têtes. Elles ont eu simplement recours, et sans discrétion, à la fusillade. Ce qui leur donnait cette conviction qu'elles représentaient le progrès...

La borne-fontaine, près de laquelle se produisit l'explosion.

Un cheval de l'escorte, abattu par la bombe.

L'ATTENTAT DU 16 JANVIER CONTRE YUAN SHI KAI

北京局勢動盪 (152頁圖)

一九一二年二月十七日，法國《畫報》關於刺殺袁世凱的報導，標題為：**中華民國**。其中文章為刺殺袁世凱行動的詳細報導。圖片共五張，從左至右，從上至下分別為劊子手；袁世凱被刺殺地點；被竹筐罩著的未爆炸彈；被炸毀的消防栓；被炸死的衛隊馬匹。

革命後的上海

一九一二年一月二十七日，法國《畫報》關於革命後上海的報導，標題為：**上海的變革**。上海在第一次鴉片戰爭後即已成為開埠城市，在民國成立後更加開放，和世界的腳步更近。記者通過他對上海的觀察寫下這篇文章，從服裝、生活習慣等各個方面介紹了上海的變化。圖片共四張，從左至右，從上至下分別為帽子店的櫥窗；照相館的新廣告；街頭的青年、南京路。

Un magasin chinois de chapeaux à la dernière mode de Shanghaï.

SHANGHAÏ RÉVOLUTIONNAIRE

Shanghaï, 30 décembre.

Shanghaï vient en quelques jours de se transformer complètement. Je n'ose pas dire que ce soit à son avantage. Obéissant à une rage aveugle de changement et d'imitation européenne, et aussi sans doute pour affirmer ainsi leur affranchissement des anciennes règles, très étroites, ses habitants se sont fait en masse couper la tresse et ont arboré, à la place de leur coiffure nationale, sorte de barrette surmontée d'un bouton de soie rouge, la casquette de voyage et notre chapeau mou. Il s'est créé instantanément un nombre considérable de magasins tenant ces articles.

C'est une chose curieuse de voir circuler, dans les rues pavoisées des nouveaux drapeaux de la république provisoire (cinq bandes horizontales : rouge, jaune, bleu, blanc et noir, représentant les races de la Chine : Chinois, Mandchous, Mongols, Thibétains et aborigènes), cette foule, d'accoutrement hybride, et de rencontrer, dans la cohue ainsi nigaudement travestie, d'étranges têtes, on dirait de prêtres défroqués qui, sous la nouvelle coiffure, garderaient l'ancienne empreinte rituelle, ou bien de ces jeunes garçons qui, semblables autrefois à de petits séminaristes, malicieux et rusés, maintenant la casquette sur l'oreille, se sont transformés en d'équivoques gouapes d'Extrême-Orient.

Il n'est pas jusqu'aux manières qui ne soient plus les mêmes. La démarche réservée et précautionneuse de jadis a fait place à une allure qui frise déjà notre brutalité occidentale. Il est vrai que l'atmosphère créée par la guerre civile incite chacun à prendre une désinvolture militaire qui, grâce au cabotinage instinctif et puéril du Chinois désireux avant tout de se faire une *face* extraordinaire, aboutit à des résultats bien amusants. Des meetings ont lieu où des orateurs viennent prononcer de grandes phrases héroïques, où des femmes même, qui peuvent à peine se tenir debout sur leurs pieds déformés, prennent la parole et demandent, avec des miaulements hystériques, qu'on leur donne des fusils pour aller se battre. Tous sortent de là avec de grands airs farouches

Deux membres de la société des « Brave la Mort ».

et des mines de lions furieux. On forme une société des « Brave la Mort ». On veut, on réclame à grands cris du fer et du sang. On rencontre, dans les rues, des volontaires qui poitrinent, vêtus d'un costume à la boër. On a l'impression d'être transporté dans un énorme Tarascon céleste.

Un photographe malin exploite adroitement ce penchant pour le costume étranger et pour les rodomontades belliqueuses en plaçant à volonté la tête de ses clients sur des corps vêtus à l'européenne ou sur ceux d'étincelants officiers. Son enseigne ne manque pas de pittoresque. Je l'ai fait reproduire et je vous l'envoie. Le personnage en veston européen, qui tient d'une main le drapeau

de la république et de l'autre un grand sabre de cavalerie, dans une pose avantageuse, c'est le chef de la révolution, Sun Yat Sen. L'autre est le président du gouvernement républicain du Kiangsou, Tchang. L'écriteau qu'il tient sur sa poitrine porte cette inscription : « Mort aux brigands mandchous. Prospérité à nos amis. J'aime mes frères chinois et la Constitution. Dix mille années à la nouvelle République. »

L'enseigne d'un photographe.

Tous ces appels à la violence portent d'ailleurs déjà leur fruit et ils ont fini par établir ici une sorte de terreur. Des bandes de mauvais drôles qui stationnent aux carrefours, sur les ponts, ou envahissent les tramways, les ciseaux à la main, coupent d'autorité leur tresse à ceux qui la portent encore, mutilant les oreilles et les doigts à ceux qui veulent protéger, de leurs mains, cet appendice capillaire. Il y a mieux encore. Des groupes de révolutionnaires appartenant à la « Jeune Chine » la plus avancée organisent des enlèvements ou des guets-apens, pour faire chanter de la forte somme, et le revolver au poing, de riches Chinois. Le directeur de la Banque impériale Tashing a été l'une des victimes de ces républicains nouveau modèle. Enlevé par une trentaine d'entre eux, il y a trois jours, dans son habitation, en pleine concession internationale, on ne sait pas ce qu'il est devenu. Et il vient de se passer, coup sur coup, plusieurs faits de ce genre.

J'imagine que ceux qui liront ces lignes et qui ont connu, il y a quatre ans encore, ce grand port d'Extrême-Orient, en éprouveront une grande tristesse. Ils gardaient, certainement, de cette capitale des plaisirs chinois, une impression d'exotisme intense qui ne pourra plus leur être rendue. Tout cela est, en effet, maintenant bien fini : au Shanghaï attirant et mystérieux des fumeries d'opium, vient de se substituer définitivement un Shanghaï, odieusement américanisé, de réunions publiques et d'assommoirs.

JEAN RODES.

Une rue de Shanghaï pavoisée aux couleurs républicaines.

中國的破壞事件

一九一二年三月二日，法國《畫報》關於辛亥革命後
國內形勢的報導，標題為：**中國的恐怖事件**。民國創
建伊始，從滿清到共和的轉變，社會還需要適應，更
因為南北不和而總有些暴亂事件發生。圖片共兩張，
上圖為山海關附近被破壞的一座鐵路橋；下圖為廣州
革命政府的官員在辦公室前。

LES ATTENTATS ANARCHISTES DANS LA CHINE NOUVELLE. — Train précipité d'un pont dynamité près de Chan-hai-kouan. — *Phot. comm. par M. E. Rottach*

LA CHINE TERRORISTE

La République chinoise est trop jeune encore pour que l'on puisse s'essayer à prophétiser ses destins. L'élection, à l'unanimité, de Yuan Shi Kaï comme chef du nouveau régime a été bien accueillie partout en Chine et en Europe. Mais déjà les difficultés s'accumulent sous les pas du nouveau président et les correspondances qui nous parviennent de ce qui fut le Céleste Empire révèlent toutes, en ce pays trop vite transformé, le développement d'un esprit anarchique dont les résidents européens s'effraient et contre lequel le gouvernement à deux faces de Pékin et de Nankin est aussi peu armé que possible.

« Si surprenant que le fait apparaisse, nous écrivait notamment, le 8 février dernier, M. Edmond Rottach, auteur d'un excellent ouvrage sur la Chine moderne, on vend la dynamite à comptoir ouvert à Tien-Tsin et, en pleine époque troublée, une maison anglaise annonçait le prix des explosifs Nobel qu'elle proposait à sa clientèle. Sous un pareil régime de licence, les attentats ne pouvaient pas manquer de se produire. » Ces attentats, nous savons qu'ils se sont multipliés rapidement. Après les deux bombes lancées le 16 janvier contre Yuan Shi Kaï (voir *L'Illustration* du 17 février), le général Liang-Pi, un des derniers fidèles de la dynastie manchoue, fut victime d'un nouvel attentat du même genre, auquel il succomba. Puis ce fut une tentative de déraillement par pétard de dynamite sur le chemin de fer de Pékin à Han-Kéou. Enfin, dans la nuit du 3 février, à 3 heures du matin, à 7 kilomètres après Chan-hai-kouan, des criminels dynamitaient un pont de chemin de fer qui relie la Chine à l'Europe. Lorsque, peu après, passa le train qui, venant de Chan-hai-kouan, se dirigeait sur Moukden, la pile centrale, minée par l'explosion qui avait désagrégé les pierres, s'écroula par la base. Le tender versa dans la rivière

gelée de plus de dix mètres de hauteur ainsi que six autres voitures. Sur 60 voyageurs qui avaient pris leur billet un quart d'heure auparavant, 7 furent tués sur-le-champ et 15 autres blessés, innocentes et, presque toutes, humbles victimes de cet attentat stupide et féroce des Chinois de civilisation moderne.

De Canton, d'autre part, à la date du 17 janvier, M. Jean Rodes nous informe qu'il a trouvé l'îlot de Shameen, où sont les concessions anglaise et française, hérissé de travaux de défense : « Les Anglais, décidément pessimistes, s'y sont fortifiés, de même

Le président et les assesseurs du bureau des Affaires étrangères du gouvernement républicain de Canton.
Phot. de M. Jean Rodes.

qu'à Han-Kéou, comme pour soutenir un siège. Les Français, après avoir eu quelque temps une attitude plus désinvolte, les ont finalement imités, quoique dans de bien moindres proportions... » Et ces précautions sans doute ne paraîtront point superflues si l'on songe que la force armée des autorités cantonaises a presque entièrement été fournie par les bandes de pirates qui écumaient auparavant toutes les rivières du Kouang-Si et du Kouang-Tung. « Bien nourris et largement payés, les gaillards qui constituent ces bandes, et qui commirent, dans leur vie de brigandage, de si horribles méfaits, fusillent en effet impitoyablement et séance tenante les gens coupables du plus insignifiant larcin. Mais on sent combien la tranquillité garantie par des partisans de ce genre est précaire. »

Ces notes, on le voit, se font peu d'illusion sur l'ère nouvelle qui, dès lors, se prépare et où, au point de vue du pittoresque, s'accusent les plus violents contrastes.

« Ainsi, nous écrit M. Jean Rodes, après avoir traversé entièrement la ville chinoise et la cité tartare où je n'avais vu à la porte de tous les yamens, à tous les carrefours et au siège même de la présidence, que des gardes composées de pirates sordides et d'hommes d'armes d'allure archaïque et sauvage, je me suis soudain trouvé en présence de jeunes gouvernants vêtus selon la plus récente mode de Chicago. Combien de temps l'harmonie durera-t-elle entre gens d'apparences aussi contraires ? C'est ce qu'il sera curieux de voir.

» Le travestissement révolutionnaire que je vous signalais à Shanghaï existe, ici, d'une manière plus désastreuse encore. De gré ou de force, toutes les nattes ont été coupées et la casquette a universellement remplacé la coiffure traditionnelle des Célestes. Le couvre-chef du titi de nos capitales a pris, sur ces têtes que le joug ancestral des rites a rendues presque ecclésiastiques, l'importance d'un bonnet phrygien. »

袁世凱剪辮子

一九一二年三月三日，法國《小報》關於袁世凱就任
中華民國大總統的報導，標題為：**袁世凱剪下他的辮
子**。一九一二年二月十二日，清帝正式退位，同一天
袁世凱宣誓擁護共和，「永不使君主政體再行於中
國」。次日孫中山宣布辭去中華民國大總統一職。三
月十日，袁世凱在北京宣布就任中華民國臨時大總
統。畫家以袁世凱剪去辮子這一場景對整個事件進行
了概括，告示一個舊時代的終結。

Le Petit Journal

ADMINISTRATION
61, RUE LAFAYETTE, 61

Les manuscrits ne sont pas rendus

*On s'abonne sans frais
dans tous les bureaux de poste*

5 CENT. **SUPPLÉMENT ILLUSTRÉ** **5** CENT.

23me Année — ** — Numéro 1.111

DIMANCHE 3 MARS 1912

ABONNEMENTS

	SIX MOIS	UN AN
SEINE et SEINE-ET-OISE..	2 fr.	3 fr. 50
DÉPARTEMENTS..........	2 fr.	4 fr. »
ÉTRANGER	2 50	5 fr. »

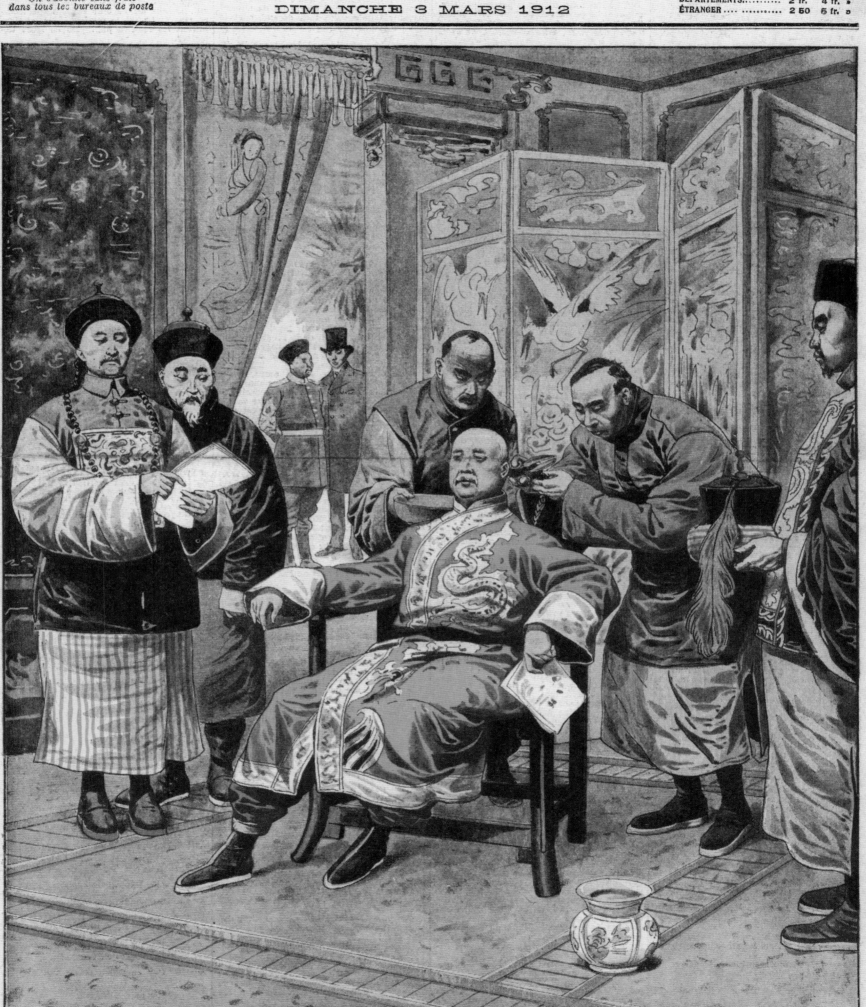

YUAN-SHI-KAI FAIT COUPER SA NATTE

中華民國最高憲政機關

一九一二年三月九日,法國《畫報》關於中華民國的
報導,標題為:**中華民國**。圖片共三張,從上至下分
別為中華民國第一次國會在這裡舉行;國會內景;孫
中山和第一屆內閣合影。這是中華民國最高憲政機關
及內閣人員最早的歷史圖片,非常珍貴。

Le palais où s'est tenu, à Nankin, le premier
Congrès républicain de la Chine.

LA RÉPUBLIQUE CHINOISE

Les dernières nouvelles de Chine ont malheureusement justifié tout le pessimisme exprimé par les correspondances qui nous parviennent de Chang-Haï et de Pékin, et dont nous avons donné, dans notre dernier numéro, des extraits caractéristiques. A peine la vieille monarchie mandchoue vient-elle de céder la place à la jeune république, proclamée à Nankin, que le nouveau régime, en son organisation artificielle et fragile, est menacé à son tour par les forces révolutionnaires, désormais disponibles, et qui se retournent contre lui. C'est un choc en retour que redoutaient tous les journaux européens de la Chine. C'est l'anarchie dans plusieurs grandes villes, à commencer par Pékin, où les soldats de l'ordre, les gardes de Yuan Chi Kaï eux-mêmes ont donné le signal du pillage, du meurtre et de l'incendie. A Tien-Tsin où, depuis des semaines, les concessions étrangères ont, comme à Chang-Haï, perfectionné leur défense, la cité chinoise a été pillée également par une soldatesque déchaînée, et un Allemand, le docteur Schreyer, un praticien unanimement respecté, même par les Chinois, a été tué par un policeman pendant le sac de la ville. 3.000 hommes de troupes étrangères sont arrivés à Pékin pour renforcer la garde des Légations et un fort contingent japonais a reçu l'ordre de se rendre de Port-Arthur à Tien-Tsin.

Ainsi se dissipent assez brutalement certaines illusions des fondateurs enthousiastes de la République chinoise, ces dirigeants de la première heure, formés au culte des idées modernes dans les Universités d'Europe et des Etats-Unis et qui, réunis à Nankin, en une apparence d'assemblée nationale, avaient cru à la puissance des idées sur la masse populaire chinoise. Le docteur Sun Yat Sen, alors élu président provisoire, avait déclaré qu'au bout de très peu de jours, tout serait rentré dans l'ordre.

La salle où ont siégé les fondateurs de la République.
Derrière le bureau du président, le nouveau drapeau républicain aux cinq couleurs.

Les représentants de la Chine moderne qui, à Nankin, ont proclamé la République.
Au centre (en pelisse noire), le président provisoire, Sun Yat Sen, à sa droite (en capote grise), le ministre de la Guerre, Huang Hsin. — Ces députés sont, presque tous, anciens élèves des grandes Universités d'Europe et d'Amérique. — *Photographies W. Prescott.*

袁世凱和他的部屬

一九一二年三月十六日，法國《畫報》關於袁世凱就
任大總統的圖文報導，標題為：**擁有四億人口的年輕
共和國的總統：袁世凱及其參謀。**為了推翻清室、避
免內戰、建立共和，孫中山於一九一二年二月十三日
宣布辭去臨時大總統一職，並推舉袁世凱為大總統。
一九一二年三月十日，袁世凱就任中華民國臨時大總
統，這是他和軍官們的合影。

Ce numéro se compose de VINGT-QUATRE pages, dont une gravure en couleurs hors texte, et contient deux suppléments :
1º *L'Illustration Théâtrale* avec le texte complet de LA FLAMBÉE, de M. Henry Kistemaeckers ;
2º Le 2º fascicule d'une nouvelle de M. Marcel Luguet : L'AUDITION.

L'ILLUSTRATION

Prix de ce Numéro : Un Franc.   **SAMEDI 16 MARS 1912**   *70ᵉ Année. — Nº 3603.*

LE PRÉSIDENT D'UNE JEUNE RÉPUBLIQUE DE QUATRE CENTS MILLIONS D'HOMMES
Yuan Chi Kaï entouré de son état-major.

Photographie prise pour L'Illustration à Pékin, au nouveau Waï-Ou-Pou, le 25 février. — Tous droits réservés.

L'AUBE DE LA RÉPUBLIQUE

Compositio

OISE. — Lendemain d'émeute à Pékin.

Devambez.

北京暴亂後的刑場 (164頁圖)

一九一二年三月三十日，法國《畫報》關於北京兵變的圖文報導，標題為：**民國的曙光——暴亂後的北京**。一九一二年二月二十九日晚上八時，由曹錕統領的北洋軍第三鎮在北京朝陽門外的東嶽廟發起兵變，劫掠周圍商舖，並向城內行進。騷亂下半夜蔓延到西城和北城，兵匪還趁夜出京前往天津劫掠。三月一日下午四時，袁世凱召開了北京高級軍政首長會議，下令立即採取行動制止兵亂，同時命令姜桂題率毅軍隨時緝捕再圖逞亂的兵士，毅軍四處彈壓，遇見任意搶劫者，即當街擊斃，另逮捕亂兵十人，斬首示眾。在這幅畫中，黑壓壓的夜色裡，參與騷亂的人集中在城牆下被斬首，甚至有官員從轎子裡被拉出來推向刑場。

可疑的歷史陰謀

一九一二年三月三十日，法國《畫報》關於北京兵變的圖文報導，標題為：**北京夜晚的騷亂和鎮壓**。一九一二年二月二十九日，北京發生軍隊譁變，在城內發生搶劫，一些民房被焚燬。史書上一直認為這是袁世凱的陰謀，因為此時孫中山的代表蔡元培等人剛北上京城遊說袁世肯南下，為了留在北京，袁世凱發動兵變，以示京城政局不穩，不能離開。圖片共有六張，從左至右，從上至下分別為迎接南方代表而裝飾一新的前門車站；迎接的衛兵和軍樂隊；蔡元培抵達北京；被兵變軍人燒燬的店舖；北京的街道；被燒燬毀的房屋。

La gare pavoisée pour la réception des délégués du gouvernement du Sud (27 février).

Le retour dans la capitale du représentant de Yuan Chi Kaï auprès des républicains du Sud.

A LA GARE DU CHEMIN DE FER DE TIEN-TSIN A PÉKIN

Arrivée de Tchaï Yuen Feï, chef de la délégation.

NUITS D'ÉMEUTE ET JOURNÉES DE RÉPRESSION A PÉKIN

Depuis quelques jours seulement, par les correspondances et les photographies que nous a apportées le Transsibérien, on a pu se rendre compte exactement en Europe de l'exceptionnelle gravité des émeutes militaires qui, à la fin de février et au début de mars, ont mis à feu et à sang la capitale et l'une des villes les plus européennes de la Chine, Pékin et Tien-Tsin. Les documents que nous reproduisons aujourd'hui et la lettre très animée et très imagée que nous publions ci-dessous donneront à nos lecteurs une idée aussi précise que possible de ce que fut, à Pékin, l'inauguration de la République chinoise.

Le mardi 27 février, vers une heure de l'après-midi, quelques Chinois, vêtus à l'européenne, descendaient du train de Tien-Tsin. Ils étaient accueillis par des mandarins et des officiers dont la plupart étaient sans natte. Escortés par ces hauts fonctionnaires, ils étaient présentés aux délégués des « guildes » de la ville de Pékin. Un peu plus loin, un groupe d'écoliers entonnait un chœur de bienvenue. On eût dit un de nos honorables visitant quelque chef-lieu de canton, se faisant offrir un bouquet tricolore, distribuant embrassades et poignées de main. Ici le bouquet aurait cinq couleurs : c'est en effet la délégation du Sud qui arrivait à Pékin. Cet accueil charmant permettait d'espérer que la prochaine discussion serait poursuivie dans le meilleur esprit. Les drapeaux barraient les rues. Tout était à la joie. Une idylle naissait enfin dans ce pays où les intrigues furent si souvent tragiques et mystérieuses : l'idylle républicaine.

Le jeudi soir 29, Pékin était livré aux flammes et au pillage.

Dans la ville tartare où j'habite, non loin du Waï-Ou-Pou, au pied de la muraille, dès 7 heures et demie, des coups de feu éclataient, irréguliers, mais ininterrompus. Tout d'abord on n'y prête aucune attention : « Ce sont les pétarades habituelles du nouvel an chinois. » Mais arrive un policier qui nous avertit que des soldats mécontents de leurs officiers se sont mutinés, que c'est une affaire entre eux et que nous ne courons aucun danger. Aussi bien les coups de fusil, le plus souvent isolés, quelquefois plus nourris, ne cessent pas. Ils semblent surtout fréquents dans la direction du Waï-Ou-Pou, mais on les entend de toutes parts. Nous ne savons rien de la

véritable origine et du but de la mutinerie. Vers 9 heures, une lueur monte vers le ciel et s'étend du côté, semble-t-il, de Tong-Hoamen, — la porte de l'Orient fleuri. Bientôt de tous côtés s'allument les incendies : on dirait qu'une main invisible fait jaillir au hasard de l'ombre les lueurs nouvelles. Autour de nous, le cercle de flammes se rapproche. Les coups de feu isolés ne cessent pas. De temps en temps un pas précipité, un galop affolé dans la ruelle : c'est un soldat, un pillard qui fuit. Juchés sur un toit,

Dans les ruines d'un quartier incendié : un propriétaire arrose les décombres fumants de sa maison avec une seringue.

nous contemplons le spectacle du ciel embrasé et rougeoyant sous la douce lumière de la lune. Des amis sont revenus par la rue du Hatamen : les balles sifflent, paraît-il, et la nuit continue ainsi dans le doute et l'incertitude. Vers minuit arrivent de la légation douze marsouins qui ont fait le trajet non sans peine. On forme une pittoresque caravane d'hommes et de femmes chargés de bagages, de « rickshaws » où sommeillent les enfants, et tout le monde se met en route. Par un sentier détourné qui longe la haute muraille, nous parvenons au Hatamen puis au quartier des légations. Nulle alerte. Nous retrouvons nos amis, et, du haut de la muraille, nous pouvons con-

templer les façades et les toits qui achèvent de flamber et retombent dans les nuages de fumée. Le quartier de Van Fou Tsin Ta Tié est entièrement en feu. Et cela dure depuis 9 heures.

Quelques heures de repos, et, le lendemain matin, chacun partait pour visiter le théâtre des événements de la veille. Sur le passage, nombre de boutiques éventrées, boutiques de curiosités, d'argenterie, etc. Toute la nuit, les soldats sont entrés, ont défoncé les devantures, terrorisé les habitants et tranquillement emporté ce qu'il leur plaisait d'emporter. Ils tiraient surtout en l'air et souvent à blanc. Cependant des balles ont sifflé. On en a retrouvé jusque dans le quartier des légations et certaines retraites furent assez inquiétantes, — celle entre autres du directeur du *Journal de Pékin*, qui revint par le Tong Tang avec la mission italienne, entre une haie de flammes, au milieu des soldats pillards qui tiraient des coups de feu.

Il ne semble pas y avoir eu de massacres. Des gens ont péri surtout grillés dans leurs demeures. J'ai eu, au fond d'une ancienne boutique, l'horrible spectacle d'une vieille femme carbonisée avec un corps d'enfant couché en travers d'elle. A d'autres endroits, quelques cadavres groupés. Tout le quartier du marché aux poissons de Van Fou Tsin a été saccagé. C'était, le 26 février, un marché animé à la porte duquel stationnaient nombre de « rickshaws » et de voitures chinoises. J'aimais à m'y promener dans le coin des restaurants où des fritures variées crépitaient gaiement au-dessus de vastes marmites ; j'aimais à voir les coiffeurs derrière leur boutique ambulante, philosophiquement occupés à tresser une natte conservatrice. Aujourd'hui, un amas de tôles et de pierres avec quelques pans de mur dont la perspective régulière rappelle ironiquement l'aménagement préparé là à l'activité humaine. La porte de l'Orient fleuri a été complètement brûlée par les Chinois. Des groupes d'oisifs, dont la curiosité va jusqu'à retourner les pierres et piocher les décombres, animent tristement ces ruines.

L'explication que l'on a donnée de l'émeute, l'explication officielle, est que les soldats d'un régiment de la 3e division étaient mécontents d'avoir vu leur solde abaissée d'un taël et demi. Mais, en réalité, ce motif semble peu vraisemblable ; ils n'avaient été payés qu'au premier de la lune et n'avaient jusqu'ici guère à se plaindre. Quoi qu'il en soit, ils ont

La rue qui mène à la porte de l'Orient fleuri : les mêmes boutiques avant et après le pillage et l'incendie du 29 février.

Le bourreau, à cheval, son couperet en bandoulière, se rend sur le lieu
des exécutions. — *Phot. Moore.*

Exposition du chef d'un supplicié.
Phot. Ch. Pettit.

DANS LES RUES DE PÉKIN, APRÈS LA SECONDE NUIT D'ÉMEUTE

pillé avec méthode et la cour même du Waï-Ou-Pou était remplie de leur butin, qu'ils entassèrent méthodiquement ensuite sur des charrettes volées aux paysans. Les troupes fidèles, les séides de Yuan Chi Kaï ont pillé... dans la crainte, paraît-il, d'être licenciés et de voir le chef aller dans le Sud.

La nuit suivante, d'ailleurs, les mêmes scènes de sauvagerie se renouvelèrent, mais cette fois à l'autre extrémité de Pékin, aux environs du Peïtang où les soldats de Kiang Kouei Ti saccagèrent, avec non moins de méthode et la même impunité, les quartiers de l'Ouest.

A noter que la cité interdite est demeurée absolument intacte. Par un vieux reste de superstition, les émeutiers n'ont pas osé y pénétrer. Le Fils du Ciel, qui n'est pourtant représenté que par un enfant en bas âge, a encore plus de prestige que le président de la récente république. Le temple est détruit mais personne n'ose encore porter une main sacrilège sur le tabernacle.

**

La répression ne commença que le 2 mars. Rien ne fut tenté dans la première nuit pour combattre seulement l'émeute. Yuan Chi Kaï n'avait-il aucun corps sur qui compter ? Peut-être, mais alors qu'étaient devenues ces troupes de confiance qui lui firent imposer la république aux Mandchous et son autorité aux républicains ? Rien ne fut fait et on laissa

tout faire. Le lendemain paraissait un avis d'excuse, comme un petit décret impérial posthume ; le surlendemain, la répression se manifestait sous la forme

Un instantané tragique : le bourreau fait son œuvre dans les rues de Tien-Tsin ; une tête tombe.
Phot. comm. par le P. Desmarquest.

à laquelle était habitué le vice-roi du Tchi-Li, la décapitation systématique. Les têtes tombèrent en grand nombre, dans les rues, sur les places (surtout des têtes de coolies, peu de soldats) et il était difficile de se promener sans en rencontrer une accrochée au trépied de bambous ou — enchinoisement du progrès ! — suspendue à un poteau télégraphique. Voici ce que j'ai vu de mes yeux :

Le samedi 2 mars, vers 2 heures 1/2 de l'aprèsmidi, comme j'allais au Peïtang prendre des nouvelles de Mgr Jaclin, je fus arrêté à la porte qui fait face à la Montagne de Chaelon par un fort attroupement de soldats. De chaque côté de l'avenue, une haie d'hommes armés de leurs fusils. Aucun coup de feu. On eût bien dit les préparatifs d'une parade ou d'une exécution. C'était une exécution. Quelques minutes après, dans les rues déblayées, circulait un groupe d'officiers à cheval précédé d'un fonctionnaire qui portait gravement une sorte de sceptre, symbole de la justice, et sans doute de la justice distributive. Ce sceptre était orné du dragon et des emblèmes mandchous ; comme si, par une sorte de prorogation, l'empire, à peine disparu, allait se faire l'exécuteur des hautes œuvres de la république. Mais les soldats — de l'armée personnelle de Yuan Chi Kaï — forment la haie le long de l'avenue complètement balayée et tournent leurs fusils du côté de la foule. Les officiers crient : « N'ayez pas peur, ne partez pas ! » et la foule reste et regarde. Le bourreau amène d'une boutique un pauvre homme vêtu

A PÉKIN, APRÈS LE PASSAGE DE L'ÉMEUTE ET DE L'INCENDIE (29 FÉVRIER-1er MARS). — Des Chinois prennent le thé
sur les ruines encore fumantes du marché aux poissons de Van Fou Tsin.

Les coolies chinois marchent à la décapitation d'un pas aussi ferme que les gentilshommes français marchaient à la guillotine, sous la Terreur.

d'une robe longue et sale, quelque « coolie » pris en flagrant délit de pillage ; une corde lui serre la nuque et lui attache les bras au dos. Il marche avec calme et s'agenouille de lui-même en face la porte, au centre de l'espace laissé vide et dont le vide semble encore plus lugubre maintenant, sous le ciel gris, au milieu des spectateurs immobiles et attentifs. Tous les yeux sont fixés sur les deux hommes. Le bourreau prend son large coutelas recourbé, baisse la tête de la victime qui obéit simplement au geste. Le bras se lève et le couteau retombe. La tête roule d'un coup ; un jet de sang inonde le sol et le corps s'abat brusquement en avant. Alors, sans se presser, le bourreau essuie à plusieurs reprises sur les vêtements du mort son arme rouge de sang.

Sans tarder, un soldat tire de la même boutique les deux autres coupables : l'un d'entre eux semble être un soldat, un soldat de Yuan Chi Kaï, c'est-à-dire un coupable bien authentique. Tous deux montrent le même calme, s'agenouillent aussi simplement ; mais le coutelas ne retombe plus avec la même sûreté ou peut-être s'est ébréché et le bourreau s'y reprend à plusieurs fois, frappe trop haut sur la nuque. Les corps roulent en avant avec la tête. Un ruisseau de sang barre la rue d'une écharpe rouge.

C'est fini. Les soldats se rassemblent et laissent ainsi étendus les corps décapités. La foule circule à nouveau et s'approche curieusement : les uns gardent leur supérieure indifférence, d'autres rient bruyamment, certains sourient avec une méprisante confiance, et c'est peut-être du destin qui fait tomber ces têtes, tandis que les soldats de la 3e division, après avoir chargé de butin leurs wagons, partent pour le Sud, tandis, aussi, qu'à Fengtai une armée de pillards et d'incendiaires, une fois son œuvre accomplie, part triomphante, général en tête.

Cette impuissance d'attitude du gouvernement de Yuan Chi Kaï en présence de l'émeute, la vraie cause du mal, a paru suspecte et des rumeurs ont circulé. Il est certain que Yuan Chi Kaï ne voulait pas aller dans le Sud. Mais ce ne sont là que des rumeurs...

En somme, pendant deux nuits, la ville a été livrée au pillage et aux flammes.

Ainsi l'idylle à peine ébauchée finit dans le sang et derrière la garde impériale, seule fidèle, seule disciplinée, les Mandchous ont pu assister à cette tragique inauguration de la république chinoise.

*
**

Après avoir vu se renouveler, dans la nuit du 1er au 2 mars, les mêmes scènes que la veille, les légations se décidèrent à demander des renforts à

Tien-Tsin. Mais Tien-Tsin lui-même était, dans la nuit du 2 au 3 mars, livré aux flammes et au pillage. L'exemple des troupes de la capitale avait été contagieux et ce fut la division d'élite qui donna le signal des désordres dont ces notes, glanées dans notre courrier de Tien-Tsin, nous disent le caractère :

Du toit de la maison où nous étions montés, nous eûmes le spectacle affreux d'une partie de la ville en feu. Les deux rues habitées par les principaux commerçants furent saccagées et brûlées de fond en comble. Les soldats mutinés, la police et la lie de Tien-Tsin « opérèrent » toute la nuit. On évalue les pertes causées par l'incendie à 10 millions de taëls, somme que double l'importance des vols. Vers cinq heures du matin, seulement, un ordre relatif se rétablit.

Naturellement, à Tien-Tsin comme à Pékin, on a fait tomber beaucoup de têtes de coolies, pillards de vagues reliefs, tandis que les vrais coupables mettaient leur butin en lieu sûr.

Sur le boulevard de l'Est, le dimanche 3 mars, 17 pillards, bien ficelés et bien escortés, ont été, sous nos yeux, amenés aux bourreaux. Tous ces con-

damnés sont allés au supplice avec une belle allure, presque avec entrain, et, sur leur visage, impassible, aucune grimace, aucun rictus n'a traduit la moindre défaillance. Docilement ils se sont mis d'eux-mêmes à genoux à la place indiquée, certains même adressant quelques mots à la foule qui se tenait sur les côtés. Six bourreaux ont expédié ces malheureux avec une célérité qu'on ne saurait imaginer. Un aide tire de toutes ses forces les cordes qui retiennent les bras derrière le dos ; un second maintient la tête dans le prolongement du cou ; et le bourreau, le « coupeur », tranche avec son coutelas. Et cela fait, en rien de temps, 17 cadavres lamentables, échelonnés sur la chaussée où continuent à se croiser, de part et d'autre de cette file de suppliciés, les promeneurs chinois dont l'habituelle indifférence ne saurait s'émouvoir de cette effroyable vision.

Des renforts importants, européens, hindous et japonais, renforcent actuellement la garde des concessions où de riches Chinois ont mis leurs trésors à l'abri et qui, pour cela même, sont devenus l'objet de bien des convoitises... La révolution chinoise est loin d'être finie. Après la phase *politique*, c'est la phase *barbare* qui commence...

Le jalonnement du boulevard de l'Est, à Tien-Tsin, par les corps des décapités.

Phot. Brocvielle.

Entrée de la Chambre des Députés.

UN MOIS A PÉKIN

III
POLITIQUE ET FINANCES

Les Français déploient ici moins d'ostentation que leurs émules. Nous avons une poudrière installée quelque part, à l'écart, comme toutes les poudrières, derrière un mur crénelé, et la sentinelle qui la garde n'a pas l'air de s'amuser beaucoup. Quelques mètres plus loin, une tourelle jumelle, blindée, abrite deux canons, et toute la muraille est percée de meurtrières en barbette, cependant que des sacs de terre garnissent les créneaux et la crête du mur. Une des deux portes de la face nord est sous notre surveillance, tandis que l'autre a été confiée aux Italiens.

Nous avons, naturellement, la garde du Pé Tang. La cathédrale fut, on s'en souvient, fort éprouvée en 1900. Une mine, creusée par les Boxers, éclata dans une cour, faisant de nombreuses victimes, parmi lesquelles l'enseigne Henry; l'excavation qu'elle a produite n'a pas été comblée et elle sert aujourd'hui de cellier. Une trentaine de marsouins, commandés actuellement par le lieutenant Klepper, y tiennent garnison. Ce point serait particulièrement menacé en cas de troubles anti-étrangers; son éloignement des légations, son isolement et l'étendue de ses bâtiments, enserrés de tous côtés par les maisons voisines, en font une position d'autant plus difficile à défendre que, comme bien on pense, rien n'a été prévu à ce sujet lors de la construction de l'église.

Nos soldats ont néanmoins fortifié du mieux qu'ils ont pu les points stratégiques les plus importants, et les Pères, sous l'autorité de leur aimable — et aimé — évêque Mgr Jarlin, sont prêts, le cas échéant, à seconder leurs défenseurs comme ils le firent si vaillamment en 1900.

Les Anglais n'ont aucune porte à garder, mais leur front fortifié est très étendu, et l'intérieur de leur légation présente un aspect guerrier peu ordinaire: des créneaux et des bastions partout; le *tennis ground* est abrité derrière un solide rempart percé de meurtrières. Des sacs de terre sont disposés un peu partout, destinés à protéger les tireurs contre les balles d'assaillants éventuels.

En Italie, en Russie, au Japon, mêmes précautions. La paisible Hollande et la bonne Belgique, seules, ont un petit air pacifique et reposant. Les marins de la reine Wilhelmine n'ont pas l'air bien terrible et les soldats du roi Albert ressemblent tellement à nos marsouins que c'est tout juste si l'on s'aperçoit qu'il y a des Belges à Pékin.

Entre temps, les troupes internationales, ici comme à Tien Tsin, ne manquent pas de mêler à leurs travaux, souvent pénibles, les agréments et les saines fatigues des sports, qui sont, pour les soldats, une bonne école d'entraînement physique et moral; et ce n'est pas une des moindres curiosités des rues de Pékin que l'apparition fréquente de coureurs en maillot et en caleçon, suivis et précédés d'entraîneurs, haletant sous les regards ironiques des Chinois, qui doivent considérer comme des fous ces hommes se donnant un tel mal pour le plaisir. Les pousse-pousse surtout, qui font ce métier-là pour de l'argent, n'en reviennent pas.

L'émulation entre les diverses équipes est portée à son comble, tout en restant dans les limites de la courtoisie la plus parfaite, et les relations sont aussi bonnes entre Français et Allemands qu'entre Russes et Japonais, Anglais et Américains. Le tirage à la corde est toujours le numéro sensationnel et passionnant des réunions sportives qu'organisent assez fréquemment l'une ou l'autre nation.

Ces jours derniers, une puissante équipe russe a battu la fameuse équipe française qui avait si brillamment triomphé l'autre jour à Tien Tsin; cette dernière prenait, le lendemain, sa revanche sur les Allemands.

LE DIFFICILE EMPRUNT

1er juin.

Tous ces travaux de défense, toutes ces précautions constituent une sorte de traitement préventif qui ne laisse pas de frapper vivement les nouveaux arrivants. Cette occupation militaire en pique-nique, outre le curieux spectacle qu'elle offre à nos yeux, a un côté tragique et angoissant qui ne peut échapper à personne.

Je ne prétends pas écrire ici un article de politique internationale. Je puis, du moins, donner mes impressions et rapporter ce que j'entends un peu partout.

Il paraît qu'en Europe on ne parle plus guère de la Chine en ce moment. Cela n'a rien d'étonnant, car on doit être assez occupé avec le Maroc. Mais, si j'en crois les gens d'ici, la nouvelle République pourrait bien, avant peu, revenir à l'ordre du jour. De tous côtés on s'attend à un prochain et violent mouvement anti-étranger qui se maniganceraient au sein du parti mandchou, lequel veut à tout prix rétablir l'empire à la faveur des troubles qu'on provoquerait au sujet du fameux emprunt.

Si l'emprunt se fait, ce sera avec la garantie du contrôle financier exigé par les puissances. Ce contrôle empêcherait, en grande partie, les gabegies, pots-de-vin, achats de fonctions et autres tours de bâton qui sont, paraît-il, la base de tout le système administratif en Chine. Mais il aura pour résultat, d'abord, la fureur des fonctionnaires et de tous ceux qui peuvent aspirer à des fonctions; en second lieu, les Mandchous présenteront aux populations du Nord cette ingérence dans les affaires intérieures comme une invasion des étrangers, d'où un mouvement xénophobe certain et très violent (1).

Après quoi, des événements qu'on ne saurait prévoir: intervention des puissances et tout ce qui peut s'ensuivre.

Si l'emprunt ne se fait pas, le gouvernement actuel, qui n'a pas le sou et vit d'expédients, sera débordé et culbuté par les mêmes Mandchous qui commencent à se ressaisir et à se rendre compte qu'ils se sont en quelque sorte laissé bluffer par les révolutionnaires, ceux-ci ayant eu, surtout, la chance de réussir. Les *Jeunes Chinois* sont peu nombreux, audacieux, il est vrai, ils l'ont prouvé, mais, dans le fond, pas très forts, idéologues creux, superficiels et relativement isolés, car l'énorme masse des Chinois demeure indifférente: pour ceux d'entre eux qui se sont aperçus du changement de régime, l'opération s'est traduite par un changement du personnel à payer, — avec de l'augmentation, comme de juste, car tout augmente, ici aussi.

La révolution s'est faite au cri de: *Plus d'impôts!* La République a pour devise: *Beaucoup plus d'impôts.* Le mot *plus* a deux significations contraires en chinois comme en français.

Les Mandchous auront donc pour eux, si le fameux emprunt n'aboutit pas, les nombreuses troupes qui, n'étant pas payées depuis longtemps, vont s'excitant tous les jours davantage, se moquent de la République et sont prêtes à marcher sur n'importe quoi, contre n'importe qui pour piller.

Les derniers troubles n'ont pas eu d'autres causes, et c'est miracle (toujours à ce qu'on me dit) qu'il ne se passe rien en ce moment.

Voilà, si j'ai bien compris, la situation telle que la voient les résidants les plus expérimentés avec qui j'ai pu causer. C'est le dilemme, c'est l'impasse, la bouteille à l'encre... de Chine.

Conclusion: pessimisme général, nervosité, barricades.

(1) Depuis que ces lignes furent écrites, la question si importante de l'emprunt a subi maintes vicissitudes.

Les quatre puissances qui ont, en Chine, des intérêts communs liés au maintien du *statu quo*, Allemagne, Angleterre, Etats-Unis et France, avaient réussi à rallier à leurs vues la Russie et le Japon, dont, en principe, elles pouvaient se défier, leurs intérêts étant différents. Un consortium avait été formé entre des banques des six puissances pour faire face à l'emprunt. Mais ses conditions furent si dures que l'adroit Yuan Chi Kai refusa de conclure. Et il s'adressa, avec l'aide, sans doute, du docteur Morrison, conseiller politique du gouvernement, à une maison anglaise, la banque Birch, Crisp et Cie, relativement peu connue, mais soutenue par les plus grosses banques anglaises, laquelle, à la fin de septembre, se déclarait prête à conclure et à verser. Son succès ne faisait nullement l'affaire du puissant groupe financier international. Fort des appuis officiels il insista pour avoir du moins sa part, ne pouvant complètement évincer le groupe Crisp. Après de laborieuses négociations, on avait trouvé un terrain d'entente quand, ces jours derniers, le syndicat des six puissances vient de faire savoir au gouvernement chinois que la situation du marché, en raison de la guerre des Balkans, le forçait à ajourner ses versements. Les choses en sont là. La Chine attend.

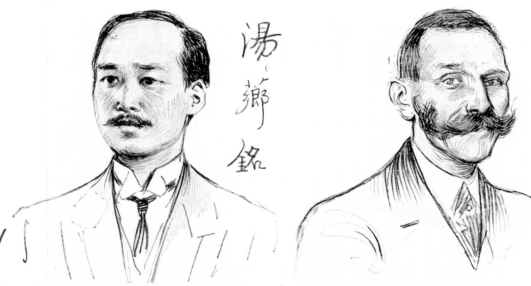 

湯薌銘

S. M. Tan, vice-ministre de la Marine.   Le général Munthe.   M. Bouillard.

Quel dommage, me disais-je, en dessinant, que cet homme ait renoncé à son bonnet à bouton de corail, à sa natte, à sa belle robe de soie, pour s'empêtrer, sous couleur de régénération nationale, dans un vêtement que nous trouvons déjà hideux pour nous-mêmes, et qui, en tout cas, ne va pas avec cette figure-là.

On ne me fera jamais entrer dans la tête que le progrès consiste en un changement de costume, et ces Chinois, reniant leurs traditions, méprisant les beautés de leur art si particulièrement beau et émouvant, me semblent aussi bêtement puérils que les jeunes paysannes de chez nous qui se figurent être très élégantes sous les odieux chapeaux à fleurs qu'elles substituent aux coiffes et aux bonnets de leurs mères et qui les font si ridicules.

Le vice-président H. L. Tan a une figure plus effacée, comme de juste, que celle de son chef de file. Il souffre en ce moment d'une ophtalmie qui l'oblige à porter des lunettes. Une fois mon croquis fini, il m'a fait dire par son frère qu'habituellement il n'en mettait pas et que la ressemblance pourrait s'en ressentir; mais c'est très difficile d'effacer une paire de lunettes sur un dessin, et puis il faisait une telle chaleur que les miennes ruisselaient de sueur, et je n'ai pas eu le courage de recommencer le portrait si laborieusement achevé.

Ces messieurs m'ont donné leurs photographies avec des dédicaces et attendent avec impatience le moment où L'Illustration publiera mes dessins. Qu'ils trouvent ici tous mes remerciements pour leur aimable accueil et l'expression des vifs regrets que j'éprouve de n'avoir pu faire avec eux plus ample connaissance.

QUELQUES SILHOUETTES EUROPÉENNES

14 juin 1912.

On ne soupçonne pas, en France, la quantité d'Européens cultivés et distingués qui, venus en Chine, pour quelques mois, il y a dix, quinze ou vingt ans, ont été charmés et pris par ce pays extraordinaire et y sont restés.

Au nombre de ceux que Pékin a gardés, un des plus aimables et des plus avertis est M. Bouillard, ingénieur et directeur du Chemin de fer Pékin-Hankeou. Il est, je crois, le doyen des résidents français, sinon par l'âge, du moins par la durée de son séjour. Il faut l'entendre conter, avec sa souriante verve de Parisien montmartrois, quelques épisodes du siège des légations, en 1900. Il faut, surtout, faire avec lui une excursion aux environs. Son érudition et sa bonne grâce n'ont d'égales que celles du commandant Vaudescal dont je vous ai déjà parlé. C'est une bonne fortune de trouver à l'étranger de pareils Français.

Une des personnalités les plus marquantes et les plus sympathiques de Pékin : le général Munthe, aide de camp du président Yuan Chi Kaï. C'est un Norvégien établi en Chine depuis plus de vingt ans, très ami des Français qui ont souvent recours à sa bienveillante intervention auprès des autorités chinoises pour aplanir les obstacles, tourner les difficultés, dénouer les conflits, adoucir les heurts, réparer les gaffes, toutes choses fréquentes et inévitables dans les relations si compliquées entre Chinois et Européens.

Le général Munthe est fort occupé.

Il est officier de notre Légion d'honneur et en est très fier.

Pour ma part, je lui ai fait perdre pas mal de temps, car c'est grâce à lui que j'ai pu approcher les hommes politiques dont je vous envoie les portraits. La légation, étant tenue à une certaine réserve dans ses relations avec le nouveau gouvernement qui n'est pas encore officiellement reconnu par les puissances, a été puissamment aidée dans ses démarches par cet homme si obligeant.

Parmi les résidants européens, Français ou autres, ayant subi l'emprise, la

L'inauguration de l'Assemblée nationale à Pékin, en avril 1912 : au centre, le président Yuan Chi Kaï.

Les petits amis chinois d'un jeune Français de 6 ans, fils de M. Barraud.

sinite, deux anciens diplomates, M. Véroudart et M. d'Almeïda, sont devenus peu à peu de fervents collectionneurs. Ils sont, chacun dans son genre, des experts très autorisés en matière de curiosités et d'objets d'art chinois. Ils font, de temps à autre, dans l'intérieur de l'empire, des expéditions (pas toujours sans danger) pour chasser la pièce rare, le bronze ancien, la vieille peinture, le meuble ou la porcelaine, la pierre gravée, qui leur ont été signalés. Les joies de la réussite leur sont douces et c'est avec un légitime orgueil qu'au retour ils laissent admirer à quelques privilégiés leur butin artistique, souvent fort difficilement acquis.

Telle belle pièce que vous pouvez contempler aux vitrines des marchands en renom, à Paris, ou dans nos musées, a été dénichée, conquise, au prix de quels efforts, parfois ! par l'un ou l'autre de ces amateurs passionnés, qui ne se séparent ensuite qu'avec regret des œuvres d'art tant aimées mais si coûteuses ; car c'est une erreur de croire que les Chinois vendent à vil prix leurs belles choses, auxquelles ils tiennent beaucoup et qu'ils apprécient fort.

Nos compatriotes habitant ici sont, on peut le dire, de la bonne espèce. Moins nombreux, moins âpres, moins hommes d'affaires (qualité bien française) que leurs co-résidants européens, japonais ou américains, ils se rattrapent sur la dignité et la tenue, et sont, de la part des Chinois, l'objet d'une considération et d'une sympathie très marquées.

L'Université de Pékin compte au nombre de ses professeurs de jeunes Français savants et intelligents, comme MM. Baudez, Barraud et Blaise, qui représentent brillamment, en même temps que notre belle culture littéraire, nos traditions de courtoisie, d'aisance et de bonne humeur.

Et je vous assure que je n'éprouve pas, dans ce Pékin si distant et si différent, la sensation d'isolement moral que je ressens à Londres, si voisin pourtant de Paris.

M. Barraud habite, avec sa femme et son jeune enfant, dans une ruelle assez éloignée de la citadelle des légations, une maison chinoise, au milieu d'une population presque exclusivement indigène avec laquelle il entretient les meilleures relations de bon voisinage. Le jeune Barraud (5 à 6 ans) compte, parmi les gamins du quartier, de nombreux amis. Il parle chinois aussi bien qu'eux et sert souvent d'interprète à sa mère ; son père, quoique connaissant parfaitement la langue, ne craint pas de l'appeler à son aide quand il s'agit d'une locution familière ou d'une expression courante un peu obscure.

La vie mondaine, à Pékin, est assez intense et ce n'est pas une petite surprise, pour le nouveau débarqué, que celle de trouver, jouant au tennis, allant aux courses, donnant des bals et des soirées musicales, faisant des visites, en recevant, courant les boutiques, montant à cheval, potinant, que sais-je encore ? tous ces malheureux auxquels on ne pense, périodiquement, en Europe, que lorsque les dépêches nous apportent des nouvelles de troubles, de révoltes, de pillages, de massacres, — et qu'on se représente volontiers comme vivant dans une angoisse perpétuelle, l'œil au guet, l'oreille tendue et la main au revolver.

Les habitants d'Herculanum n'eurent aucun mérite à mourir en joie — ils ne pouvaient pas se douter — mais ici, il y a eu des précédents terribles, et

toute cette futilité élégante et sportive a un certain petit air de crânerie qui n'est pas sans m'émouvoir un peu, car, de l'avis général, les affaires sont assez embrouillées et, avec les Chinois, un malheur est vite arrivé.

Il serait, toutefois, exagéré de dire que la population européenne de Pékin courrait un danger immédiat, même en cas de troubles subits et de mouvement xénophobe violent ; trop de mesures de précaution ont été prises pour qu'il soit possible de revoir les horreurs de 1900. Les légations — autre ville interdite — sont assez fortifiées, défendues et approvisionnées pour pouvoir résister longuement à toute attaque et attendre des secours qui ne tarderaient guère : les

Cour de la bibliothèque de l'Université de Pékin.

Ouverture d'une porte au Temple du Ciel.

Japonais ont, à Port-Arthur, 12.000 hommes tout prêts à accourir sur un signe du « sans fil » de la légation d'Italie.

LA FAÇON DE PAYER VAUT MIEUX QUE CE QU'ON PAIE

Cependant, selon la saison, on excursionne, on patine, on va à la mer, à la montagne ; on reçoit, on dîne, on joue au bridge. Les excursions se font en voiture, à cheval, à âne, en chaise à porteurs, voire en auto, quoique ce dernier genre de locomotion ne soit guère pratiqué, étant donné l'état des routes.

Dès les beaux jours, les pique-niques sont très en faveur. On en organise soit dans une pagode des environs, soit au Temple du Ciel, qui est tout près, et où l'on déjeune sur l'herbe ou sous quelque galerie, au milieu des admirables portiques et des terrasses de marbre.

Ce Temple du Ciel, relativement récent, est d'une majesté incomparable. Il a ceci de particulier que, contrairement aux autres monuments chinois, ses bâtiments sont distribués sur de larges espaces suivant une vaste ordonnance qui fait songer à Versailles, tandis que le Palais d'Été, par exemple, donne une sensation de fouillis, d'entassement et de lourdeur. Ici, ce sont de grandes lignes, de somptueuses compositions, et les détails les plus minutieux de l'ornementation se tiennent sagement dans l'ampleur de cet ensemble admirablement décoratif.

Et tout cela est désert, se dégrade, s'effrite ; ce n'est pas la ruine, la belle ruine, c'est l'abandon, la décrépitude, la dislocation, résultats de l'incurie et du nonchaloir qui semblent être la dominante de l'esprit chinois.

Ces nobles vestiges sont, dirait-on, la propriété d'une poignée de soi-disant gardiens, vermineux et puants, dont l'occupation consiste, en principe, à ouvrir aux visiteurs les innombrables portes des cours, des salles, des couloirs, des pagodes ou des jardins, et à chacune desquelles il faut payer un droit de passage. C'est, du reste, toute une cérémonie que ces ouvertures de portes. Dès l'entrée principale un bonze quelconque s'empare de votre personne et vous précède. A votre suite, des amateurs se joignent au cortège — pour leur plaisir, croiriez-vous — pas du tout, ils vous réclameront leur salaire à la fin de la tournée, comme s'ils vous avaient été bons à autre chose qu'à vous empester de leur écœurante odeur d'ail mal digéré. Pour les éloigner un peu de moi, j'ai inventé un système : je leur marche sur les pieds sans en avoir l'air. La première porte franchie, ils vous amènent devant une seconde, fermée, bien entendu, cadenassée, barricadée de formidable façon. Là, ce sont des appels vers l'intérieur, des supplications, des cris aigus qui sont destinés à vous convaincre de la difficulté inouïe qu'il y aura à faire ouvrir cette porte et du prix que vous devrez attacher à cette faveur, — si vous l'obtenez. De l'autre côté, au bout d'un moment, un compère fait semblant d'arriver de très loin, on l'entend souffler, haleter ; il fait semblant de déverrouiller tout un système de fermetures, il se donne des airs d'avoir été interrompu dans une occupation urgente ; et c'est cousu de gros fil blanc : il n'a jamais bougé de sa place, il était à son poste quand vous êtes arrivé, il vous a vu venir, il a même, à votre apparition,

fermé précipitamment cette porte, qui était ouverte, pour avoir à vos yeux le mérite grand de l'entre-bâiller. Enfin, il vous tend la main avec la mine d'un Chinois qui vient de faire un immense effort, et vous passez, — en payant. Si vous avez le malheur d'être généreux, vous êtes assailli immédiatement de gémissements et de réclamations à n'en plus finir. Moi, qui ai le pourboire facile, j'en étais même indigné, les premiers temps. J'ai eu, depuis, l'explication de ce phénomène singulier ; c'est encore une chose bien chinoise ; le raisonnement qu'ils se font ne manque pas de justesse et, en tout cas, est d'une psychologie profonde. Voici, se disent-ils, un imbécile qui me paie dix sous ce qui en vaut deux ; donc il ignore le prix des choses ; donc je ne risque rien à lui réclamer davantage ; il marchera peut-être. Et vous marchez. Payez largement un pousse-pousse, il gémira ; donnez-lui juste ce que vous lui devez, il encaisse et vous remercie.

Quelle leçon pour nos cochers !

Cette petite comédie se renouvelle à chaque porte, — et on dirait qu'il en sort de terre, des portes, au Temple du Ciel ; c'est à croire qu'on vous fait repasser plusieurs fois par les mêmes. Après un quart d'heure de cet exercice il ne vous reste plus de monnaie. Ne vous tourmentez pas pour si peu : les estafiers qui vous suivent sont changeurs en même temps que mendiants, et ils réalisent d'assez jolis bénéfices avec les étrangers ignorant le cours du dollar ou n'y attachant pas d'importance.

Le dollar dit mexicain, qui est ici la monnaie courante, vaut, en théorie, 100 *cents* — en réalité 120 ou 130, suivant les jours — vous voyez, c'est appréciable. Mais il faut bien que tout le monde vive, et on se fait vite à toutes ces histoires et à tous ces harcelants parasites qui ne sont que de la Saint-Jean à côté d'un certain gardien (très laid, d'ailleurs) du Temple jaune (qui, lui,

La barrière du Temple jaune.

est très beau). Ce misérable a installé, au pied du monument bouddhique, qui est la perle de cette pagode, une horrible barrière en bois, juste au milieu de l'escalier de marbre qui y conduit, masquant ainsi et défigurant cette merveille. Il est là, guettant le visiteur et exigeant impérieusement sa récompense. Quand on arrive à ce bijou, on a la douleur de constater que les bas-reliefs en ont été récemment mutilés d'une façon odieuse par d'infâmes brutes. On m'a dit que c'étaient, en 1900, des soldats étrangers qui avaient fait cela, à coups de crosse, pour s'amuser ! Quelle est la nation qui produit de tels monstres ?

L. SABATTIER.

— *A suivre.* —

Le Temple du Ciel.

恢復平靜的北京街頭 (168頁圖)

一九一二年三月三十日，法國《畫報》關於北京兵變的圖文報導，標題為：騷亂第二天，北京的街頭。一九一二年二月二十九日夜發生的北京兵變持續了一夜，第二天兵變軍人就逃亡天津繼續為非作歹。北京當局第二天就對兵變進行了鎮壓。圖片共六張，從上至下，從左至右分別為街頭巡邏的毅軍士兵；被示眾的頭顱；被押赴刑場的搶劫者；對搶劫者行刑；被燒燬的店舖，被斬首的搶劫者。

中華民國新政府成立 (170頁圖)

一九一三年二月一日，法國《畫報》關於中華民國成立之初的圖文報導，圖片共五張，從左至右，從上至下分別為眾議院的入口；海軍次長湯薌銘速寫；法國蒙特將軍；蒲意雅；袁世凱與眾人在參議院前合影。

民國成立初年之一 (172頁圖)

一九一三年二月一日，法國《畫報》關於中華民國成立之初的圖文報導。圖片共五張，從左至右，從上至下分別為一個法國小孩兒的中國朋友；天壇的大門；黃寺的石塔；京師大學堂的庭院；天壇圜丘。

民國成立初年之二

一九一三年二月十五日，法國《畫報》關於中華民國成立之初的圖文報導。圖片共三張，從上至下分別為頤和園四大部洲路；四大部洲塔；頤和園多寶琉璃塔。

Une partie peu visitée du Palais d'Eté.

Munthe qui, fidèlement, me sert d'introducteur et d'interprète auprès de Leurs Excellences. Celui-là ne parlant que le chinois, je suis forcé de le juger sur l'apparence, ce qui fait un peu partie de mon métier; et quelques vers de la fable du *Souriceau* me viennent à la mémoire:

> *L'un, doux, bénin et gracieux,*
> . . . .
> *Un modeste regard et, pourtant, l'œil luisant.*

Le ministre des Finances, Hsiun Si Ling, a, comme vous pouvez en juger, une figure des plus caractéristiques. Ses yeux si chinois et son nez si busqué

Un clocheton d'angle du Palais d'Eté.

font plutôt mauvais ménage, et sa coupe de cheveux ne se tient pas avec sa moustache et sa barbiche clairsemées, qui conservent un air ancien régime très marqué.

La demi-heure qu'il a bien voulu me consacrer restera dans mon souvenir comme une des plus chaudes de mon existence: le thermomètre marquait, ce jour-là, 42° à l'ombre. Pendant que je dessinais, le ministre, doucement, s'éventait. Il finit par s'apercevoir que j'avais très chaud et, obligeamment, me fit proposer par son secrétaire, qui parle français, d'ôter mon veston que j'avais gardé.

Tchao Ping Tiunn, ministre de l'Intérieur, me fait l'effet d'un pondéré; l'œil est franc et la figure claire. L'écriture robuste dénote un caractère ferme et sérieux. Il doit être énergique et droit.

Tout ce que je vous raconte là, ce sont, naturellement, des impressions personnelles. La plupart de ces personnages sont encore assez inconnus, au moins des résidants européens. Ils n'ont, jusqu'à présent, rien produit de sensationnel qui puisse permettre de porter sur eux un jugement motivé (1).

Il semble qu'ils attendent quelque chose. Il y a du malaise et de l'inquiétude dans l'air.

On parle de plus en plus de troubles, d'effervescence, de révoltes des soldats.

PALAIS D'ÉTÉ, PALAIS D'HIVER

18 juin.

J'avoue que le Palais d'Eté ne m'a pas enthousiasmé outre mesure; si ce n'était sa partie ancienne, très belle en son délabrement, et où les guides ne veulent jamais mener les visiteurs, pour avoir plus vite fini, j'en serais revenu assez désillusionné.

Dans cette partie ancienne que nous avons tenu à visiter, sur les conseils du

(1) Depuis qu'ont été dessinés les portraits reproduits ci-contre, la situation de certains des modèles s'est modifiée assez profondément. C'est ainsi que Tong Shoa Yi, descendu du pouvoir, n'est plus qu'un simple citoyen. Tsaï Ting Kan, promu conseiller de la présidence, a été chargé de conduire les difficiles négociations en vue de la réconciliation du Nord et du Sud, violemment brouillés au lendemain de la révolution. Hsiun Si Ling n'est plus ministre, mais préside la commission d'étude des réformes financières. Enfin Tchao Ping Tiunn est actuellement président du Conseil.

commandant Vaudescal, en compagnie de M. O'Neil et de sa charmante femme, il y a quelques coins vraiment dignes d'admiration et, entre autres, une certaine pétite pagode à étages qui est une pure merveille de forme et de couleur. Pour ce morceau et un autre, qu'on appelle le pagodon de bronze, je donnerais tout le reste, sauf, peut-être, le lac qui, dans son ensemble, est très beau, malgré qu'il soit gâté par la fameuse Jonque de marbre. Cette banale et laide curiosité pour touristes est, justement, ce qu'il y a de plus connu; le contraire m'aurait étonné.

La petite pagode à étages est encore à peu près intacte, mais le pagodon de bronze a reçu, en 1900, la visite de quelques amateurs de chefs-d'œuvre pas cher: une de ses portes, bijou de ciselure, fait, paraît-il, le plus bel ornement des salons de je ne sais plus quel établissement de crédit, tandis qu'une fenêtre a été adoptée par un amateur éclairé. Vous savez que, à la même époque, l'un des merveilleux équatoriaux de l'observatoire de Pékin est parti en Prusse où il est demeuré. Son frère, après avoir fait, lui, un petit voyage en France, est revenu s'installer sur son piédestal comme si de rien n'était.

La seule chose qui pourrait donner à ces sortes d'opérations un semblant d'excuse, c'est l'incroyable indifférence des Chinois à l'égard de leurs richesses artistiques. Cette indifférence, je me hâte de le dire, ne peut être reprochée

La pagode à étages, au Palais d'Eté.

Pavillon d'angle et fossé de l'enceinte du Palais d'Hiver.

qu'aux fonctionnaires, car il y a encore en Chine de nombreux et fervents admirateurs des œuvres d'art du pays. Il n'en est pas moins pénible de penser que ces beautés sont destinées à disparaître, soit par cambriolage, soit par suite d'incurie.

Il est vrai que celles qui sont cambriolées ne sont pas perdues pour tout le monde.

Le Palais d'Hiver, au centre de Pékin, forme, à lui seul, une ville fortifiée dans l'enceinte, déjà formidable, de la capitale. Depuis mon arrivée, ses interminables murs rouges, tuilés de jaune, impénétrable et exaspérante barrière par-dessus laquelle on aperçoit les vastes toitures aux teintes d'or, ses portes, farouchement closes et gardées, ses fossés, dont les eaux dormantes disparaissent sous les lotus, ses pavillons d'angle si beaux de proportions et de tonalité, exerçaient sur moi tout l'attrait de l'interdit et du mystérieux. Mon désir de voir était arrivé à l'état aigu lorsque l'autorisation d'entrer me fut, enfin, accordée, — toujours grâce à la grande obligeance de notre ministre, M. de Margerie.

Ce ne fut pas sans émotion que je pénétrai dans ce palais qui sert, maintenant, de prison au jeune empereur, otage des révolutionnaires.

La Ville Impériale proprement dite est située au centre du Palais d'Hiver et entourée, elle aussi, d'une muraille qu'il ne m'a pas été possible de franchir. Du haut de la Montagne de Charbon, le délégué du Ouaï Ou Pou chargé de nous piloter nous a montré les pavillons de l'empereur, de l'impératrice, les divers bâtiments, les temples et tout ce qui constitue la ville interdite. A toutes nos questions sur le jeune empereur, nous reçûmes des réponses vagues. « Pauvre gosse! », dit à un certain moment l'un de nous. — « Il n'est pas pauvre! reprit vivement un des personnages officiels, il touche 300.000 taëls par mois. »

Evidemment...

Nous visitâmes donc des cours, des pavillons, des couloirs, précédés et suivis d'eunuques grassouillets et écoutant distraitement les explications de notre guide, qui s'exprimait en fort bon français. C'est vraiment mieux ici qu'au Palais d'Eté. Il y a des morceaux d'une rare élégance; les détails sont plus soignés et l'ensemble est moins délabré; c'est habité et les choses semblent s'en ressentir.

On nous a promenés en jonque sur les lacs couverts de lotus qui, malheureusement, ne fleuriront que dans un mois. Les bateliers qui nous attendaient, la longue perche au poing, ne manquaient pas d'allure, et les jonques, portant, l'une les invités et l'autre les eunuques, nous ont amenés à un débarcadère assez amusant, près du pont en S qui conduit au pied du Pé Ta, la « bouteille de Pippermint », comme l'appellent nos marsouins, qu'on aperçoit de tous les coins de Pékin.

La garde qui nous avait rendu les honneurs à notre arrivée nous a, de nouveau, présenté les armes à la sortie, car nous étions des visiteurs officiels; puis, comme il était près de 2 heures, nous sommes allés déjeuner, comme de simples citoyens.

L. SABATTIER.

— A suivre. —

Départ pour la promenade en jonque sur les lacs du Palais d'Hiver.

Déjeuner à la pagode du Nuage de Jade vert (Pi Yunn Sseu) : à gauche, vêtu de bleu, le bonze de la pagode.

UN MOIS A PÉKIN

IV. — EN EXCURSION : LA « PAGODE DU NUAGE DE JADE VERT »

Les buts d'excursions aux environs de Pékin sont nombreux et intéressants. Je ne vous parlerai pas de celle au tombeau des Ming et à la grande muraille, qui est classique ; je n'ai pas pu la faire, empêché que j'étais par tous mes rendez-vous. Mais nous en avons fait une, délicieuse, au temple de Pi Yunn Sseu (Pagode du Nuage de Jade vert) près du Parc de Chasse, en compagnie de l'aimable M. Bouillard, qui s'était chargé de l'organisation et du ravitaillement.

Partis de Pékin en auto vers 2 heures, nous sommes arrivés trois quarts d'heure après devant le Palais d'Eté où nous avons trouvé des ânes et des chevaux qui nous ont amenés, vers 5 h. 1/2, au Temple, situé au pied des premières collines de l'Est.

Là, dans un décor saisissant, se dresse le plus admirable monument qu'on puisse imaginer. C'est, dans un amphithéâtre naturel d'une grande allure, une succession de portiques, de ponts, de cours, de terrasses, d'escaliers, de pagodes, de pavillons qui escaladent la pente, assez forte, de la colline et conduisent au sommet d'une tour bouddhique, sorte d'autel grandiose, érigeant ses pylônes à multiples étages et ses bas-reliefs de pur art hindou dans un ciel resplendissant. Des polychromies peintes aux portiques en bois, on passe aux arcs de triomphe en céramique, puis on arrive peu à peu aux marbres hâlés et imprégnés de soleil, patinés à plaisir et ciselés comme des orfèvreries... C'est une merveille.

Ces morceaux d'architecture bouddhique ne sont pas rares à Pékin et dans ses alentours. C'est, m'a dit M. Bouillard, à l'empereur Tien Long, souverain lettré, artiste et très éclectique, qu'on doit l'introduction, en Chine, d'une certaine quantité de dogmes de la religion hindoue et, par suite, de monuments inspirés des traditions bouddhiques. Ce souverain fit même venir à Pi Yunn Sseu des architectes et des artistes de l'Inde pour exécuter cette partie de la construction, qui se trouve enchâssée dans le temple chinois comme un diamant dans du jade.

Tien Long devrait être adopté comme patron par les calligraphes. Un autographe de lui était — et est encore — considéré par les Chinois comme un chef-d'œuvre. Les temples les plus célèbres et les plus admirés sont ceux auxquels, par faveur spéciale, il a fait don d'une page de son écriture qui, soigneusement et fidèlement reproduite dans ses moindres détails, a été gravée sur une stèle de marbre blanc, dressée à la place d'honneur, sous un pavillon spécial.

Les Chinois, grands admirateurs de l'art graphique, prennent, dans tous les endroits où il s'en trouve, de nombreux calques et empreintes de ces caractères impériaux. Toutefois, leur respect de l'écriture ne va pas jusqu'à leur faire oublier celui de la saleté, et presque toutes ces inscriptions demeurent badigeonnées du noir de fumée qui a servi à les décalquer et qu'on ne se donne pas la peine de laver une fois l'opération terminée.

Ces gens sont tout en contradictions.

La plupart des gardiens laissent froidement opérer sous leurs yeux les profanations les plus honteuses. Du reste, ce ne sont pas précisément des gardiens : ce sont des hommes quelconques, qui habitent là dedans, tout simplement, on ne sait en vertu de quel droit ; personne ne les paie, ils ne dépendent de personne et vivent uniquement des pourboires des visiteurs.

On pourrait leur confier la Joconde, si on la retrouve.

La partie artistique de notre excursion était agrémentée d'un service de subsistances qui ne laissait rien à désirer et qui avait bien son charme, croyez-moi. Les boys de M. Bouillard, sous la conduite du cuisinier, étaient partis avant nous, emportant un matériel complet de couchage, des ustensiles de cuisine, d'abondantes provisions de bouche, la vaisselle et les valises.

A l'entrée du temple, un vieux bonze nous a accueillis aimablement. Les boys avaient installé nos lits dans les diverses chambres de la pagode et servi des rafraîchissements dans une des cours ombragées et fleuries, près d'une source au réjouissant murmure, dans laquelle étaient plongées, jusqu'au goulot, de nombreuses bouteilles aux formes variées.

Jusqu'au soir nous visitâmes la pagode dans tous ses détails, ne nous lassant pas d'admirer et de nous émerveiller.

Après un succulent dîner et une agréable soirée de causerie, nous fûmes nous coucher. Chacun de nos lits, qui avaient été dressés sur des estrades, au fond des chambres entre deux

Les rizières de la banlieue de Pékin, vues de la Fontaine de Jade.

brûle-parfums de bronze entourés d'inscriptions, avait l'air d'attendre quelque bouddha souriant et pansu, comme celui qui, bienveillant, au milieu des décombres, siège à l'entrée du temple.

Au dehors, les clochettes pendues aux corniches retroussées se mirent à tinter discrètement dans la nuit au gré des bouffées de brise, et je m'endormis du sommeil du juste.

Le lendemain, promenade au Parc de Chasse et visite des ruines d'une lamaserie thibétaine, autre fantaisie de Tien Long. Il faudrait la plume évocatrice de Loti pour vous dire le charme et la grandeur de ces lieux, l'étrangeté des grands pins blancs aux troncs tourmentés, qu'on croirait enduits d'une couche d'argent, et au feuillage en bronze patiné.

Il y a des arbres partout, dans ces temples; ils ont l'air de faire partie de l'architecture. Les beaux artistes qui créèrent ces merveilles ont certainement tenu compte de leur présence lorsqu'ils combinèrent leurs plans, et ils ont bâti en les respectant et en les utilisant comme accessoires décoratifs. Certains d'entre eux, plusieurs fois centenaires, sont d'une forme et d'une couleur inimaginables.

En vérité, je vous le dis, la Chine est un admirable pays.

A la suite d'un déjeuner finement arrosé, nous fîmes nos adieux au bonze qui était venu, sans façon, boire avec nous le petit verre de cognac de l'amitié et fumer la cigarette de paix. Il va sans dire que le pourboire traditionnel ne fut pas oublié. De nouveau, sur nos ânes ou nos chevaux, nous suivîmes la route aux dalles disjointes et usées, nous éloignant à regret de cette émouvante œuvre d'art.

Sur le chemin du retour se trouve, près du Palais d'Eté, une autre belle chose — la Fontaine de Jade — qui mériterait toute une littérature. De là on découvre l'immense Pékin dans toute sa plate étendue, avec, au premier plan, en avant du Palais d'Eté, une succession de rizières inondées dont les digues forment comme un réseau de cloisonné.

LE PORTRAIT DE YUAN CHI KAI

16 juin.

La patience est une vertu chinoise, il faut le croire, et la mienne fut soumise ici à une longue épreuve. Non pas que j'aie été le moins du monde victime du mauvais vouloir des hauts personnages dont je voulais faire de rapides portraits. Au contraire, dès mes premières démarches, ils m'ont fait répondre que ce serait avec plaisir, mais qu'ils étaient très occupés et qu'il fallait attendre.

J'ai tellement attendu que j'ai eu un moment de désespérance; mais, grâce à l'infatigable obligeance du général Munthe, à qui notre ministre, M. de Margerie, avait bien voulu demander de m'obtenir les audiences que je sollicitais, j'ai, enfin, été reçu par le président de la République chinoise.

Le nouveau Ouaï Ou Pou (ministère des Affaires étrangères), résidence actuelle de Yuan Chi Kaï, est un vaste bâtiment en briques grises, tout neuf, tout américain, d'architecture vaguement palatiale, d'un style yankee assez prétentieux, genre gratte-ciel, moins les étages. On y accède par une étroite ruelle tout encombrée de soldats et où les pousse-pousse eux-mêmes ont peine à se croiser. Comme c'est une construction à l'européenne — à l'américaine, veux-je dire — l'entrée ne comporte pas le fameux pan de mur ornementé qui, devant tous les yamen, tous les temples et même les maisons particulières (quand il y a de la place), empêche les mauvais esprits de pénétrer; mais on l'a remplacé, à l'intérieur, dans la cour, par un monumental paravent de bois, très moderne lui aussi, qui leur barre fort bien la route ou, en tout cas, les oblige à faire un détour qui brise leur élan.

Yuan Chi Kaï m'a reçu dans son vaste cabinet où rien, vraiment, ne rappelle la Chine; pas un meuble, pas un objet d'art qui ne soient modernes; c'est confortable et cossu. Le Président, venu très courtoisement au-devant de moi jusqu'à la porte, me tend la main à l'européenne et me souhaite la bienvenue par l'intermédiaire du général Munthe. C'est un homme d'une soixantaine d'années, semble-t-il, au torse puissant et aux jambes courtes; les mains sont petites et

Entrée de l'ancien Ouaï Ou Pou (ministère des Affaires étrangères).

Yuan Chi Kaï, président de la République chinoise.

Dessin d'après nature de L. Sabattier, sur lequel le Président a apposé sa signature.

fines. Il est vêtu du nouvel uniforme chinois en toile kaki, avec des boutons dorés, des broderies au collet, des pattes d'épaulettes à étoiles et des aiguillettes. De courtes bottes molles complètent cette tenue d'une irréprochable correction mais dont la sobriété me fait penser — avec quel regret ! — aux anciens atours abolis. Son Excellence devait avoir grande allure, en robe de mandarin...

L'air bienveillant et affable de mon modèle, son sourire infiniment bon, me semblent justifier tout le bien que m'en a déjà dit le général Munthe qui n'en parle qu'avec le plus affectueux respect, vantant chaleureusement sa bonté et sa fidélité envers ses amis.

Je crois pourtant qu'il vaut mieux ne pas être de ses ennemis ; mais, n'ayant eu ni le temps ni les éléments nécessaires pour me faire sur lui une opinion définitive, je m'en tiens à celle du général Munthe.

Après quelques phrases de politesse, le Président s'est assis à son bureau et, sur ma demande, a continué à s'occuper des affaires courantes, examinant des papiers, prenant des notes, donnant des signatures. Celle qui orne mon croquis est de sa propre main, bien entendu, et c'est, m'a dit ensuite son secrétaire, une faveur qu'il ne prodigue pas. Quant à mon dessin, tout en étant assez ressemblant, il n'est pas fameux, je suis le premier à le reconnaître ; mais, je peux bien le dire sans lui manquer de respect, le Président a très mal posé. Je ne pouvais pourtant pas me permettre de rappeler à l'ordre un tel chef d'Etat.

L'exemple parti de si haut n'a pas tardé à être suivi, et, après le président de la République, le président du Conseil, la plupart des ministres, vice-ministres et secrétaires, m'ont, à l'envi, accordé quelques moments de pose ; si bien que, maintenant, je ne sais plus où donner de la tête.

Beaucoup de physionomies intéressantes, parmi ces hommes politiques de la nouvelle Chine, les unes fines, les autres énergiques, des malicieuses, des bonasses, toutes énigmatiques. Les Chinois sont si loin de nous !

QUELQUES HOMMES D'ÉTAT

Le président du Conseil, Tong Shoa Yi, qui parle admirablement l'anglais, m'a paru être remarquablement intelligent.

C'est une curieuse figure que la sienne : la proéminence de l'arcade sourcilière sous la fuite du front, la minceur de la bouche sous la moustache émondée, la pesanteur du regard derrière les lunettes, composent un ensemble d'une austérité un peu inquiétante. La parole est sobre et précise ; la voix grave n'a rien des tonalités aiguës particulières aux Chinois. Tong Shoa Yi a étudié en Amérique, où il a longtemps séjourné, et d'où il paraît avoir rapporté, en même temps que l'accent du pays, un esprit pratique et des idées modernes bien arrêtées.

Il avait revêtu, pour poser, un veston en flanelle blanche de coupe assez analogue à celle de la vareuse de nos marsouins : col droit et deux rangs de boutons ; pantalon européen, naturellement. Comme il me demandait mon avis sur ce complet qui, dans son idée, est destiné à devenir le vêtement national,

sorte d'uniforme civil, je lui ai répondu qu'il avait l'air très confortable et très commode et que, si on l'adoptait, il ne fallait pas manquer de prescrire, comme on fait en France pour nos soldats, de boutonner à droite la première quinzaine et à gauche la seconde, pour éviter d'user toujours le même côté.

Quand on fait une loi somptuaire, il faut la faire complète.

Le nouveau Ouaï Cu Pou.

民國成立初年之三 _(176頁圖)

法國《畫報》關於中華民國成立之初的圖文報導。圖片共四張，從左至右，從上至下分別為紫禁城角樓；在碧雲寺休息的法國遊客；頤和園湖邊的遊船；碧雲寺的銅佛像。

民國成立初年之四 _(178頁圖)

一九一三年二月十五日，法國《畫報》關於中華民國成立之初的圖文報導。圖片共四張，從左至右，從上至下分別為在玉泉山上遠眺頤和園；袁世凱的速寫；外務部大門；新的外務部。

袁世凱政府的要員

一九一三年二月十五日，法國《畫報》關於中華民國成立之初的圖文報導。圖片共五張，從左至右，從上至下分別為總統府秘書梁士詒；內務部長趙秉鈞；財務部長熊希齡；袁世凱秘書蔡廷幹；外交部長唐紹儀。

...bre des Députés (50 ou 60 membres seulement sont présents).

minutes), il a même fait quelques gestes. Ce devait être le Jaurès de l'assemblée. Sur quoi je suis parti. J'allais oublier de vous dire qu'autour de la salle il y a des tribunes pour le public : c'est un vague balcon en bois, pas très solide, avec quelques bancs occupés par des spectateurs clairsemés. Dans la tribune diplomatique, où j'étais placé, il y avait des chaises.

Sur les cinquante ou soixante députés présents, la moitié, environ, portait le costume chinois ; l'autre moitié était habillée à l'européenne, et certains vestons, remarquables par leur élégance, symbolisaient, pour moi, l'influence des idées européennes dans ce milieu énigmatique.

Ici, pas une tresse, — le mot d'ordre est : Bas les nattes !

PORTRAITS OFFICIELS

4 juin.

Cet après-midi, j'ai été reçu par le président et le vice-président de la Chambre. Très aimablement ils ont posé devant moi et ont orné mes croquis de leurs signatures respectives.

Mes modèles ne sachant ni le français, ni l'anglais, l'entretien aurait été languissant si le frère du vice-président, M. S. M. Tan, lui-même vice-ministre de la Marine, n'était venu assister à la séance de pose et, dans un

Le vice-président de la Chambre, H. L. Tan
et sa signature autographe.

français très pur, me parler de Paris, où il a séjourné assez longtemps comme attaché à la légation de Chine et dont il garde un souvenir exempt de mélancolie. C'est un homme tout jeune, élégant, instruit et intelligent, à la figure très énergique, avec des yeux pleins de résolution.

Nous avons bu du thé en fumant des cigarettes et en causant de choses et d'autres. Je dois avouer que nous n'avons presque pas parlé des affaires du pays, de la révolution, du nouveau régime. Mon insurmontable aversion pour tout ce qui touche à la politique, même étrangère, fait de moi un très piètre interviewer en cette matière ; d'autant plus que mes interlocuteurs sont très fermés sur ces questions et qu'il faudrait des prodiges d'insinuante diplomatie pour en tirer quelque chose.

De mon côté, je crains de n'avoir pu leur cacher mon admiration pour tout ce qu'ils veulent amender ou détruire en Chine, ni mon horreur de ce qu'ils considèrent, eux, comme le Progrès et qui me fait l'effet d'une profanation.

Les têtes sont, à elles seules, d'intéressants sujets d'étude, et j'éprouve beaucoup plus de plaisir à fouiller de l'œil les traits si étrangement expressifs du président Ou Ching Sien que je n'en aurais à entendre sortir de sa bouche les considérations les plus éloquentes sur les beautés du régime parlementaire dans l'Empire du Milieu.

中國參議院 <small>(182頁圖)</small>

一九一三年二月一日，法國《畫報》關於中華民國成
立之初的圖文報導。圖片共三張，上圖是中國的議
會；左下為參議院議長吳景濂；右下為參議院副議長
湯化龍。

年輕時的黎元洪

德國 *Die-Woche Bilder vom Tage* 關於辛亥革命的圖文
報導。圖片共一張，是黎元洪年輕時的照片。

Nummer 44.

DIE·WOCHE
Bilder vom Tage

Seite 1847.

Phot. Record Preß.

General Li-Yuan-Hung, der Führer der revolutionären Streitkräfte.
Die Revolution in China.

西洋畫刊中的晚清政情

徐家寧

西方人對中國的觀看，從大航海時期的探險者起，直到今天都沒有停止。最早的時候以《馬可波羅遊記》那樣的文字形式爲主，間或輔以充滿想像力但是誇張失實的插圖，後來圖像的比重日益超過文字，並且影像的內容更趨於眞實。西洋畫刊對中國的關注主要從第一次鴉片戰爭之後開始，無論歐洲還是美國的畫刊，都會對中國發生的事情以大版面進行介紹，如今重新觀看這些資料，有如重新溫習中國近代史。

從馬戛爾尼使團開始，中國皇帝就堅持「西夷」們應該行跪拜禮，這符合中國人長久以來的禮制，卻讓西方人無法接受，因爲這不僅僅是對「禮儀」形式的不同理解，更是中西方文化如何看待自己、如何對待對方的客觀反映。待清政府在兩次鴉片戰爭中均敗給西方國家之後，幾番割地賠款，大清朝顏面盡失，到此時，昔日「中央帝國」的世界觀才一點點改變，這在一八七三年法國《世界畫報》（Le Monde Illustré）以一個整版刊登的法國大使觀見光緒帝的木刻版畫中可略見端倪：法國大使在向光緒帝呈遞國書時，並未施跪拜禮，畫中只有恭親王在跪著向皇帝彙報。

當中國的國門向西方開放，西方宗教在中國的傳播、擴張性的商業利益與傳統的農耕文明的碰撞，勢必會爆發衝突。從兩次鴉片戰爭之後到庚子事變，中國爆發了數次排外

運動，西方畫刊對這一現象也有深層次的報導。如一八九二年法國《世界畫報》刊登了兩幅湖南地區的排外宣傳畫。畫中用「豬」比作「主」，用「羊」比作「洋」，極盡侮辱洋人洋教。外國畫師對這些圖畫進行了很準確的還原，只是因爲不識中文而沒能原樣複寫漢字。

一九○○年庚子事變爆發，義和團從天津、河北、山東一帶湧入北京城，借著清政府的支持，開始在城內針對「大毛子」（外國人）和「二毛子」大肆屠殺。「二毛子」指與洋人有來往的人，如外國人的僕役、賣洋貨的商家，甚至被發現使用洋火（火柴）也會全家被殺。很多中國人爲了躲避義和團而避入教堂、使館。一九○○年七月二十八日的英國《黑白畫報》就在頭版刊登了這一事件的圖文報導，描寫五月二十二日的北京，大雨滂沱中，大量教民湧進英國使館躲避義和團，從這些中國人驚慌失措的表情可以想見當時的情形。這也是該畫報第一次刊登來自北京被圍困使館的消息。

八國聯軍佔領北京後，大肆撲殺義和團民，並組建了類似現代警察局性質的都統衙門維護治安。儘管如此，由於「兩宮西巡」，北京城裡暫時沒有了皇帝，很多曾經的禁地成爲百姓自由出入的地方。正陽門北的棋盤街和天安門南的千步廊廣場，一直都禁止百姓踏足，但在被佔領期間，不僅車夫可以自由出入大清門進入千步廊廣場，甚至有人用那裡的

積水洗腳。《辛丑和約》簽訂之後，爲了迎接「兩宮回鑾」，在被燒毀的前門箭樓和城樓上搭起了紙牌樓，棋盤街南被燒毀的朝房也得以重建，大清門斑駁的牆皮被抹平，重新塗以紅色。待到皇帝和太后的轎子被簇擁著進入棋盤街後，新軍士兵持槍跪在馭道兩旁。兩宮回鑾之後，廣場又重新恢復了原有的秩序。一九〇二年三月十五日法國《畫報》以一個對開版的版面，刊登了一幅回鑾隊伍正進入棋盤街的水彩畫，刻畫相當細膩，再現了當時的場景。

一九〇五年，由於外國資本對中國工人的壓榨，在上海爆發了反對美國排斥和虐待華工、要求廢止中美華工條約的運動。一九〇四年十二月，美國要求清政府續簽《中美會訂限制來美華工保護寓美華人條款》引發華僑不滿，成爲這次運動的導火線。這一事件並未很快平息，直到一九〇八年十二月八日，上海還發生了針對外國人的暴力事件，英國駐滬副領事的汽車被當街點燃，大都會酒店和一些外國商店被搗毀。一時間在滬的外國人都非常緊張，擔心一九〇〇年的悲劇重演，因此自發地組織了武裝衛隊上街巡邏。一九〇六年二月三日的法國《畫報》主要以照片的形式對這一事件進行了報導。

一九〇四至一九〇五年，日俄戰爭在中國的土地上爆發，雙方爲爭奪在華利益而戰，中國政府卻爲此專門劃出戰爭區和中立區，完全一副事不關己的態度。最終日本戰勝沙俄，接管了其在中國東北的所有利益。此次戰爭意義深遠，第一次黃種人戰勝白種人，極大的鼓舞了日本，使武士道精神和軍國主義進一步滋生；對俄國來說，戰敗則成爲沙俄十月革命的導火線。一九〇六年三月三日法國《畫報》對小村壽太郎抵京進行了圖文報導。小村壽太郎（1855-1911），日本外交官，綽號「鼠公使」，因其矮小瘦弱，且爲人狡詐，善於盜取情報而得此名，曾直接參與中日甲午戰爭和《辛丑和約》簽訂，並主導日英同盟和日俄戰爭。一九〇五年十二月來到北京，脅迫清政府簽訂《東三省事宜條約》，由日本正式接管俄國在中國東北的利益。從這份報紙上刊載的照片來看，前來簽署條約的小村壽太郎在火車站還受到了禮賓級的接待。

這些畫報雖然只是對歷史的碎片化反映，卻是西方媒體對重大事件的第一時間報導，因其及時的記錄，帶來了珍貴的史料價值。有些報導的立場當然值得商榷，但今天的讀者必然能排除那些來自西方視角的主觀判斷，去僞存眞，從中發現一些過去不曾注意的歷史細節。

Le prince MONGOL PO-WANG.   L'EMPEREUR TONGTCHE.   LE PRINCE DE KONG.   LE PRIN

Garde noble.   S. Exc. TCHONG,   S. Exc. TCHONG,   S. Exc. OUENN,   M. G. DEVÉRIA
        ex-ambassadeur de Chine à Paris.   président du bureau des frontières.   grand secrétaire d'État.   premier interprète de la légat

CHINE. — LA PREMIÈRE RÉCEPTION DES AMBASSADEURS EUROPÉENS PAR L'EMPEREUR DE LA CHINE. — S. Exc. M. de

LEOU-UGO-FOU.

S. Exc. M. DE GEOFROY.
ministre de France en Chine.

S. Exc. TONG,
ministre des finances.

S. Exc. CHENN,
membre du conseil privé.

Garde noble.

ministre de France, devant l'empereur. — (Dessin de M. G. Janet, d'après le croquis de M. G. Devéria, premier interprète de la légation de France.)

同治皇帝
接受法國大使國書 _(188頁圖)

一八七三年，法國《世界畫報》關於法國公使向同治
皇帝呈遞國書的圖文報導，標題為：**歐洲大使首次獲
得中國皇帝接待**。從某種層面來說，近代中國錯過接
受先進的科技，與世界文明的發展脫鉤，就是因為將
西方國家依然視為文明程度落後於自己的番邦，無意
借鑑學習；對於外交禮儀的規定，也依然以「唯我獨
尊」的姿態要求外國使臣們雙膝跪地。然而經歷了兩
次鴉片戰爭後，中國皇帝已無法避免親自接見外國使
臣，也不可能再要求他們雙膝跪地。這張版畫記錄了
同治皇帝第一次面見外國使臣——法國公使時的情
景。

醇親王奕譞

一八八七年，法國《寰宇畫報》（ *L'universe Illustré* ）關
於醇親王的圖文報導，標題為：**醇親王奕譞，皇帝的
父親，總理和大元帥**。奕譞是道光帝第七子，襲醇親
王爵位。他一家出了兩個皇帝，一個是他的兒子光緒
帝載湉，一個是他的孫子宣統帝溥儀（載灃之子）。
圖片共一張，是醇親王奕譞坐像。

LE PRINCE CH'UN, père de l'empereur de Chine, premier ministre et grand-amiral.

Voir page 846.

d'hui. Il est évident que Mᵐᵉ L. de Rochemont qui nous conduit au pays des Fées, les a beaucoup fréquentées, aussi bien que leurs amis les plus intimes.

Les enfants ne veulent pas être trompés : qu'ils fassent quelque jour avec Mᵐᵉ L. de Rochemont un voyage au pays des Fées et certainement, à suivre leur aimable guide, ils trouveront plaisir et profit.

Petites bonnes gens, par Mᵐᵉ Julie de Monccau. Illustrations d'Adrien Marie. — Un joli volume in-4⁰ avec gravures en deux tons. Cartonnage toile et couverture en plusieurs couleurs. Prix : 5 francs.

Histoire d'un paquebot, par Louis Tillier et Paul Bonnetain. — Un volume in-4⁰ de 300 pages, illustré de 100 dessins de Montader. Broché, 7 fr. 50 ; richement relié, 12 francs.

Le Voyage de Mˡˡᵉ Rosalie, par R. Vallery-Radot, dessins d'Adrien Marie. — Un volume-album cartonné (couverture et gravures en deux tons). Prix : 4 fr. 50.

Au Pays des fées, par la baronne Antonine-L. de Rochemont, illustrations de Mès. — Un volume in-8⁰ de 300 pages de texte richement illustrées. — Broché, avec couverture illustrée, 7 fr. 50. Relié, 10 francs.

Sous ce titre : *Bibliothèque littéraire illustrée*, la *Librairie de l'Art* vient de fonder une collection qui débute par un franc succès et réalise un progrès considérable. Sans aucune augmentation de prix, les volumes de cette série sont mis en vente très spirituellement, très artistiquement illustrés; de plus, les exemplaires sont rognés, de manière à supprimer, sans altérer les marges, le très incommode usage du coupe-papier.

C'est à l'auteur si apprécié de *Marca* que couronna l'Académie française, c'est-à-dire Mᵐᵉ Jeanne Mairet, la charmante femme de notre éminent confrère M. Charles Bigot, que la *Librairie de l'Art* a eu la très heureuse inspiration de demander le premier volume de sa *Bibliothèque littéraire illustrée*.

On éprouvera le plaisir le plus délicat à lire *Paysanne*, *Faiseur d'ancêtres* et la *Femme d'un musicien*, trois nouvelles que recommandent au plus haut degré les mérites les plus variés d'imagination, de sentiment, d'esprit et de cœur.

Chaque volume ne coûte que 3 fr. 50.

L'Univers illustré se charge de faire parvenir à ses lecteurs, sans frais, tous les ouvrages dont il est rendu compte dans sa revue bibliographique.

LA FINANCE

L'année s'achève dans le calme le plus complet. A pareille époque, les transactions sont généralement fort animées; mais rarement le marché n'avait été aussi délaissé. La liquidation mensuelle, qui commence dès demain par la réponse des primes engagées pour l'échéance de fin de mois, menace de passer inaperçue.

D'ailleurs, la Bourse est toujours mal impressionnée par l'arrivée en grande faiblesse des cotes étrangères. La politique extérieure, qui reste encore obscure sur certains points, est toujours un grand sujet d'inquiétude pour la spéculation, qui n'ose prendre des engagements de quelque importance.

Nos rentes ne sont, en effet, pas seules à se maintenir au même niveau au prix de quelques difficultés. Les fonds étrangers sont lourds naturellement. Le 4 0/0 hongrois est surtout délaissé, ainsi que les fonds russes.

Les dispositions sur notre marché des valeurs de crédit ne se sont pas modifiées depuis notre dernier bulletin.

Dans sa dernière séance hebdomadaire, le conseil de régence de la Banque de France a fixé à 74 fr. 20 le dividende brut du deuxième semestre de 1887. En déduisant l'impôt de 2 fr. 20, le dividende net ressort à 72 francs.

L'action du Crédit foncier est toujours soutenue.

Les obligations foncières et communales à lots ont été d'une grande fermeté. Celles des emprunts de 1879 se négocient sur les cours de 482; celles de 1885 sont très recherchées.

A l'heure actuelle, nous n'avons encore aucun renseignement précis sur la souscription aux Bons à lots; mais nous pouvons assurer que le succès de cette opération a été complet et que les demandes par correspondance ont atteint, à elles seules, un nombre considérable.

Les chemins de fer sont faibles et sans affaires.

Les valeurs industrielles sont au même niveau que la semaine dernière.

Les recettes du transit du canal de Suez sont toujours très satisfaisantes.

B. M.

中國的排外宣傳畫

一八九二年，法國《世界畫報》關於中國排外運動的
圖文報導，標題為：中國的排外宣傳畫。一八九二
年，在華外國人和中國人的矛盾日益加重，排外形勢
嚴峻。這張畫報即復刻了湖南的排外宣傳畫以介紹中
國的形勢。

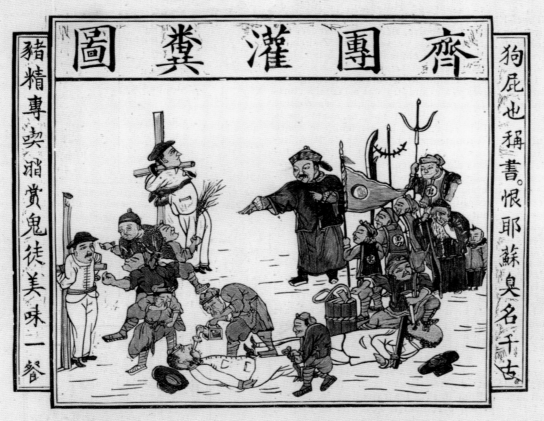

PLACARD DU HUNAN. — L'assemblée des Braves et la médication des
Diables avec des immondices.

EN CHINE

Excitation a la haine des étrangers.
Les placards du Hunan.

Shanghaï, 26 février 1892.

La province centrale du Hunan est le vrai foyer
de l'insurrection chinoise, et c'est dans la capitale
même de cette province, à Chang-Sha, que s'élabo-
rent les productions infâmes, les placards abomina-
bles, dont j'expédie au *Monde Illustré* deux exemplaires typiques, parmi tant d'autres. Cette
littérature empoisonnée, comme on l'appelle ici, est
antiétrangère et antichrétienne à la fois. Dessins
et commentaires l'établissent suffisamment. Parfois,
la pornographie entre en jeu dans cette œuvre de
haine. Elle « égayerait » même par sa naïveté, si,
par un seul point, un tel sujet prêtait à rire.
Les placards du Hunan ont soulevé toute une
énorme province et les régions limitrophes.
A ces placards, répandus, disséminés à profusion
dans cette vaste région du Yang-Tsé, se sont ajou-
tés des publications de toutes sortes et d'innombrables pamphlets. Je cite textuellement les termes
de la lettre d'un vaillant pasteur, le docteur John
Griffith, qui réside à Hankow, non loin de la province troublée :
« J'ai reçu, écrit-il, une lettre d'un de mes amis,
naturel du Hunan, avec un gros paquet de publications. Ce paquet contenait, en dehors des placards, trois livres, dont l'un est le fameux *Mort à
la religion des Diables*. Ces trois livres, avec l'autorisation du préfet de Chang-Sha, ont été le texte
de prédications dans tous les théâtres, par des gra-
dués *siu-tsai*, en même temps que le 16e chapitre de
l'Edit sacré.
« Sur la couverture de *Mort aux diables*, il éta-
blit que le prix de 10,000 exemplaires revient à
60,000 « cashes », que huit individus en ont fait
imprimer et distribuer environ 800,000 et plus,
soit environ 100,000 par individu. »
Cette lettre est édifiante. Elle marque de quelle
activité de propagande antiétrangère sont animés
les chefs du mouvement, et notamment l'un d'eux,
un nommé Chou-Han, qui a rang de tactai.
Chou-Han est natif de Ning-Hung. C'est un ad-
versaire des étrangers et de tout ce qui est étranger. Son influence est des plus considérables ; il
se montre provocateur, et revendique hautement
et pleinement la responsabilité de ses actes.
Aujourd'hui, on est pertinemment assuré qu'il
est le principal auteur du fameux manifeste du
Hunan, véritable appel aux armes, qui a produit
une grande émotion parmi les Européens et Américains, résidents de Chine.

Le manifeste du Hunan est un curieux document d'une littérature batailleuse et militante. Il
suppose tout d'abord que les puissances sont d'un
accord unanime à se faire ouvrir le Hunan, et les
Hunanais assurent à l'empereur qu'ils sont tout
disposés à combattre pour défendre non seulement
leur province, mais l'empire lui-même. Ils sont absolument certains qu'ils peuvent à la fois fournir
l'argent et les hommes nécessaires pour songer à
attaquer et à détruire complètement l'*ennemi
étranger*.
Les grands meneurs, qui veulent faire bien les
choses, font appel à l'armement général et volon-
taire de tous les naturels adultes de la province. Ils
établissent que les petits districts peuvent fournir
une moyenne de 10,000 hommes, et les grandes
cités, les préfectures, 20,000 chacune. C'est une

vraie mobilisation, qui aurait pour inévitable résultat d'anéantir les Européens de la vallée du
Yang-Tsé, si les menaces étaient mises à exécution.
En dernier lieu, le manifeste, reprenant à son
compte les ignobles calomnies et les diffamations
déversées dans les placards illustrés et les pamphlets, représente le culte de Jésus comme le culte
de la débauche. Dieu n'est plus qu'un *cochon cruci-
fié*, entouré d'adorateurs mâles et femelles, quelques-uns à genoux, les autres assis, et se livrant à
des divertissements licencieux. Les Chinois révoltés du Hunan changent la *religion du dieu du ciel*
en *grognement du porc* céleste. Les mots chinois se
portent à ces transmutations, les termes sont ho-
monymes, et l'on n'a garde de saisir une si belle
occasion de fausser les significations. Ainsi, les
hommes de l'Océan (c'est-à-dire vous, mes chers
lecteurs, et moi-même) deviennent des *hommes-
boucs*, ou encore des *cochons-chèvres-diables*. Les
gravures ci-contre sont très suffisamment explicites
à ce sujet.
En présence de telles excitations, restées impu-
nies, en présence de l'inertie des diplomates, les
Européens d'Hankow et de Kiukiang se sont as-
semblés en un solennel meeting, ayant pour objet
de s'entendre sur l'opportunité d'envoyer une
adresse au marquis de Salisbury et au président
de la république des États-Unis. Cette manifesta-
tion a obtenu un résultat superbe, et très attendu.
Elle se reproduira, j'en suis convaincu, en tous les
points de la Chine, où l'on compte des missionnai-
res et des étrangers.
Hier même, M. Purdon, président du « municipal council » du « Foreign settlement » à Shanghaï,
convoquait tous les Européens, résidant en cette
place, en un grand meeting, dans la salle du
Lyceum Theatre. L'objet de cette autre réunion
était d'envoyer à M. le ministre plénipotentiaire
Von Brandt, doyen du corps diplomatique à Pékin,
une pétition réclamant une énergique répression
des meneurs du Hunan, confirmant et reproduisant
à peu près les adresses d'Hankow et de Kiukiang.
Une résolution proposée par M. Little, directeur
du *North-China Daily News*, a été adoptée à l'unanimité.

Et maintenant, la parole est aux gouvernements
d'Europe. Continueront-ils à se laisser berner par
la diplomatie chinoise, de fourberie légendaire ?
prendront-ils pour sérieuses les communications
optimistes et mensongères des représentants de la
Chine en Occident ?
C'est ce que l'on ne tardera peut-être pas à
savoir.

Henri Bryois.

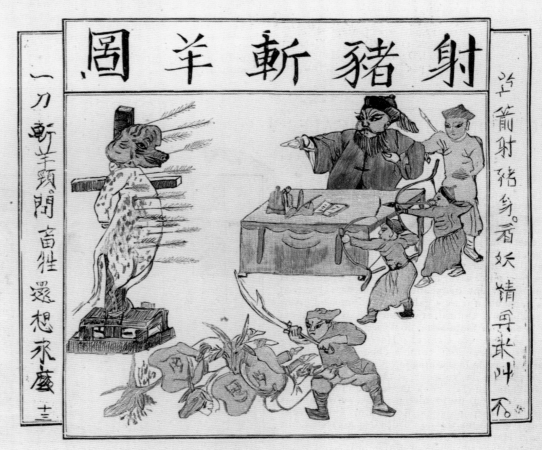

PLACARD DU HUNAN. — Exercices de tir sur le Cochon et

Décapitation des Chevres.

中日兩國在朝鮮發生衝突

一八九四年十月六日，法國《畫報》關於甲午戰爭的
圖文報導，標題為：**朝鮮的事件**。一八九四年七月
末，日本軍隊占領朝鮮，中國出兵援朝，爆發了中日
甲午戰爭。圖片共兩張，上圖為李鴻章和孫子們的合
影；下圖為煙臺全景。

LI HONG-TCHANG

C'est le grand nom de la Chine, par excellence. Nulle carrière d'homme d'Etat n'a été aussi bien remplie, aussi glorieuse. Elle semblait finie, et les années inexorables paraissaient lui accorder des droits très mérités à la retraite, quand de graves événements sont venus surgir de façon inattendue, rejetant l'illustre vieillard dans la lutte.

Dans le conflit sino-japonais, c'est sur Li Hong-Tchang que reposent toutes les espérances de la Chine. Les justifiera-t-il? Il semble que sa fortune soit étrangement ballotée en ce moment-ci, à tel point qu'on le représente tantôt comme tout-puissant, tantôt comme disgracié.

La biographie de Li Hong-Tchang a été mille fois faite. Il n'est pas un dictionnaire géographique, historique ou biographique qui n'ait raconté tout au long, avec des dates, cette brillante existence d'homme, si agitée, très pittoresque, inouïe dans les annales de l'histoire de la Chine.

Originaire de la province d'Anhui, il est gradué métropolitain dès 1847. En 1853, il combat les Taïpings. C'est le point de départ de la fortune prodigieuse du grand Li. Son nom s'illustre dans la mémorable lutte, qui faillit aboutir à la victoire des rebelles et au renversement de la dynastie régnante. Il est proclamé sauveur de la patrie et obtient la fameuse jaquette jaune.

En 1854, Li Hong-Tchang est nommé Taotaï dans la province du Tokien. Gouverneur du Kiangsu en 1862, supérintendant des ports ouverts du Sud en 1868, gouverneur-général du Hou-Kouang, 1867, vice-roi du Petchili en 1870, il cumule tous les titres et fonctions à côté. C'est ainsi qu'il devient Premier Grand Secrétaire en 1875, avec le titre de « Po » ou noble de troisième ordre. Sa puissance, alors, n'a plus de borne dès que le Tsong li-Yaimen lui confère la présidence du Conseil de la guerre et la direction de l'Amirauté. Pour finir, il est comte Shinu-Ki.

Telle est cette haute personnalité que l'on a pu surnommer à juste raison le « Bismarck de la Chine ».

Lors de mon séjour à Tientsin, j'ai eu la bonne fortune de voir Li Hong-Tchang. Il venait rendre au consulat de France la visite que lui avait précédemment faite M. Lemaire, ministre plénipotentiaire de la République.

Li est de haute taille. Sa figure fine, allongée, est de belle construction, comme je n'en avais jamais vue en Chine. Le front est forcément très grand, grâce à la tonsure chinoise. L'œil bridé conserve la très grande vivacité de l'âge viril, avec une acuité de regard, extraordinaire chez un vieillard de soixante-dix-sept ans. La moustache poivre et sel tombante et sa barbiche donnent à la physionomie de Li l'aspect militaire. Mais rien de brusque, de heurté, de violent en cette physionomie qui semble respirer la bienveillance, et qui ne laisse nullement deviner le terrible vainqueur des Taïpings.

La gravure représente Li avec son fils et ses deux petits-fils dans une pièce de son yàmen vice-royal.

HENRI BRYOIS.

CHINE — Li Hong-Tchang avec son fils et ses petits-fils.

LES ÉVÉNEMENTS DE CORÉE. — Le port de Tche-Foo.

京師大學堂

一八九九年七月二十二日，法國《畫報》關於京師大
學堂的圖文報導，標題為：**京師大學堂**。一八九八年
戊戌變法後，光緒皇帝下詔成立了京師大學堂。儘管
學校在義和團運動中遭受破壞，卻仍沿用這個名稱堅
持辦學。一九一二年，京師大學堂更名為北京大學。
這張圖片是學校成立之初，中外教習及官員在校內的
合影。

Sous-maîtres chinois.   Professeurs étrangers.   Les ministres.   Commissaires et secrétaires.

L'UNIVERSITÉ IMPÉRIALE CHINOISE

Les lecteurs de l'*Illustration* se rappellent sans doute l'intéressant article paru dans ces colonnes sous le titre : *Un Tournant de l'histoire de Chine*. On y retraçait expressivement les phases rapides de cette poignante et mystérieuse énigme qui se termina par la fuite de Kang-yu-Wei et la déchéance de l'Empereur.

Parmi les griefs qu'avait amassés contre lui le jeune souverain dont l'esprit hardi avait rêvé d'arracher son pays à l'ignorance et à la routine, un plus que tous les autres, la réforme de l'enseignement, avait indigné la classe toute puissante des lettrés et déterminé la réaction.

Cependant, du naufrage de tant d'utiles et généreux projets l'idée principale, bien que profondément modifiée, resta. Une Université fut créée où l'enseignement serait donné, non pas exclusivement européen, mais concurremment avec l'étude des livres classiques qui étaient censés jusqu'alors contenir la presque intégralité des connaissances humaines. Même ainsi altérée, l'idée rencontra dans son exécution de la part des conservateurs une opposition systématique qui se traduisit par des tracasseries à peine déguisées. On cherche d'abord, et l'on réussit en partie à effrayer les élèves, en leur faisant entrevoir le sort de Kang-yu-Wei et celui de ses amis qui, moins heureux que lui, n'avaient pu échapper au supplice. Un grand nombre d'étudiants des provinces du sud, ainsi intimidés, s'abstinrent au dernier moment et ne se présentèrent pas aux examens d'admission.

L'inauguration eut lieu cependant, le 31 décembre de l'année dernière, avec l'étiquette habituelle de ces sortes de manifestations. La cérémonie fut strictement privée ; seuls y assistaient les fonctionnaires de l'Université, le personnel enseignant et environ trois cents élèves.

Le protocole avait été débattu et réglé minutieusement à l'avance ; car il y avait à ménager de multiples susceptibilités. En effet, le cérémonial devait comprendre selon l'usage la prosternation devant les tablettes de Confucius ; or, l'enseignement donné à l'Université étant laïque, il se trouvait, quoique la majorité des élèves appartînt au confucianisme, une minorité importante de mahométans, bouddhistes, taoïstes et chrétiens, desquels on ne pouvait exiger qu'ils se soumissent à cette formalité. Il avait donc été convenu que ces derniers s'abstiendraient de paraître à cette partie de la cérémonie et ne se joindraient qu'ensuite à leurs condisciples. Pour la même raison, les huit professeurs étrangers de la Faculté, dont la présence était indispensable, parurent au moment de la prosternation, revêtus de leurs robes de cérémonie et défilèrent en saluant devant les tablettes, honorant en cela, comme il avait été expressément entendu, non pas l'apôtre d'une religion étrangère, mais le philosophe et le littérateur.

Les élèves se rendirent ensuite dans leurs classes respectives et, se présentant à leur professeur, s'inclinèrent trois fois devant lui ; à quoi chaque professeur répondit par un salut et les invita à se représenter à trois jours de là pour l'ouverture effective des cours.

Les bâtiments de l'Université se trouvent, à Péking, dans la ville impériale, au centre et immédiatement à côté du palais de l'empereur. Ils occupent un immense et fort beau palais, autrefois propriété de la princesse Tao-Koang, quatrième fille de l'empereur décédé. Les bâtiments ont été entièrement remis à neuf et la somme dépensée pour leur réfection et appropriation s'élève à 90.000 taels, soit environ 350.000 francs. Le bâtiment représenté sur la photographie est le plus beau de tous ; il a deux étages et est occupé par la bibliothèque. Une autre photographie représente la cour d'honneur ou cour des lions. On aperçoit dans le fond la salle de Confucius, où sont exposées les tablettes du sage. La troisième montre enfin, au dernier plan, la partie du palais impérial appelée Mei-Chan ou montagne de charbon, où la légende veut que soit renfermée une provision de charbon destinée à alimenter le palais en cas de guerre ou d'émeute ; au premier plan, la porte de l'Université dite porte d'honneur parce qu'elle regarde le palais impérial.

Ces divers bâtiments, quoique répondant parfaitement à la conception chinoise de l'élégance et du confortable, n'en sont pas moins déplorablement aménagés au point de vue de la plus élémentaire hygiène, aussi sont-ils destinés à disparaître progressivement pour faire place à de nouvelles constructions plus en rapport avec leur destination présente. Une somme de 5.000.000 de taels, environ 18.000.000 de francs, a été déposée à la banque Russo-Chinoise par le gouvernement chinois, et c'est le revenu de ce capital qui est destiné à faire face aux diverses dépenses de l'établissement.

Le personnel de l'Université comprend : 2 présidents ; 8 professeurs étrangers, 16 assistants ou interprètes ; 8 professeurs chinois, 8 commissaires, 32 secrétaires ; environ 100 petits fonctionnaires ou domestiques.

L'institution est placée sous la surveillance du ministre Sun-Tchun-Tang, haut commissaire de l'empire, dont les fonctions répondent à celles de ministre de l'Instruction publique.

Le président étranger est le docteur W. A. P. Martin, ancien président du collège de Tung-Wen, auquel on a pour adjoint pour la forme un collègue chinois, le ministre Hiu-Kin-Tchang, ancien ambassadeur en Allemagne et en Russie, lequel d'ailleurs n'a que voix consultative.

Le corps des professeurs étrangers se compose comme suit :

Docteur W. A. P. Martin, président : droit international.
Docteur R. Coltman : médecine, chirurgie.
Professeur J. Bailie : langue anglaise.
Professeur J. H. James : langue anglaise.
Professeur L. de Giéter : langue française, exercices physiques.
Professeur H. von Broen : langue allemande, exercices militaires.
Professeur P. Schmidt : langue russe.
Professeur S. Nishigori : langue japonaise.

Le nombre des étudiants, suivant les cours de sciences ou langues étrangères, se répartit de la façon suivante :

Ecole anglaise	110 élèves
— française	20 —
— allemande	15 —
— russe	25 —
— japonaise	35 —
Médecine, chirurgie	10 —
	215 —

Une centaine d'élèves en outre suivent les cours de littérature chinoise, de mathématiques, de physique, de droit international, etc., etc.

L'enseignement des exercices physiques et militaires est facultatif, l'Université possède un gymnase monté sur le modèle des meilleurs gymnases de Paris ; les élèves s'adonnent aux exercices avec une ardeur sans pareille.

L'instruction donnée à l'Université est entièrement gratuite. Les élèves sont logés dans des bâtiments spécialement construits pour eux, et le mobilier nécessaire tel que lits, armoires, étagères pour les livres, réchauds pour la cuisine, etc., leur est fourni gratuitement par l'administration. Ils logent par groupes de cinq ou six et se nourrissent à leurs frais. Il leur est permis de fumer en dehors, bien entendu, des heures de classes, mais l'usage de l'opium leur est absolument défendu et plusieurs d'entre eux ayant contrevenu à cette règle ont été immédiatement renvoyés. Le minimum d'âge pour l'admission a été fixé à environ dix-huit ans. Il n'y a pas de limite maximum ; beaucoup d'étudiants ont déjà dépassé la trentaine et sont mariés et pères de nombreux enfants.

L'étudiant chinois est en général studieux et plein de respect pour ses maîtres ; mais, quoique, le plus souvent, il fasse preuve d'une indiscutable bonne volonté, l'assimilation est chez lui lente et laborieuse. En classe, les élèves entrent, sortent, se lèvent, s'assoient, causent entre eux de leurs petites affaires, arrosant le tout de multiples tasses de thé qu'un domestique spécial est chargé de placer devant eux.

Les professeurs étrangers sont, pendant leurs cours, assistés d'un ou plusieurs sous-maîtres chinois, suivant le nombre de leurs élèves ; ces suppléants, dont quelques-uns possèdent les plus hautes distinctions littéraires, ont tous une connaissance suffisante des langues européennes et sont d'un grand secours aux professeurs.

Tel est, dans ses grandes lignes, le plan de la nouvelle Université Impériale Chinoise. Toute imparfaite qu'elle est encore, cette institution n'en constitue pas moins une véritable révolution sans exemple dans les annales littéraires du Céleste Empire et permet d'entrevoir le moment où, cédant à la vigoureuse impulsion des nations occidentales, la Chine reprendra au rang des peuples la place qu'elle mérite par l'antiquité de sa civilisation et d'où l'ont fait déchoir des siècles d'erreur et de préjugés.

Péking, 2 avril 1899.

LÉON DE GIÉTER.
Professeur à l'Université impériale.

三歲的光緒

一九○○年六月二十三日，英國《黑白畫報》關於中國皇室的報導，標題為：**中國的危機，兩張有趣的照片**。光緒，現在中國的皇帝，只是個孩子。圖片共兩張，上圖是騎在馬背上的光緒皇帝；下圖是醇親王，道光帝的兒子。根據圖說原文，站在光緒帝馬前的是李鴻章，實際上並非李鴻章。

Li Hung Chang   Kwang-Su

KWANG-SU, THE PRESENT EMPEROR OF CHINA, AS A CHILD

Soon after he was called to the throne at the age of four, in January, 1875. He is a cousin of the Emperor Tung-Chih, whom he succeeded, and son of Prince Chun, seventh son of the Emperor Taou-Kwang, who died in 1850. It was considered very disastrous for the peace of the Empire that this child necessarily belonged to the same generation as his predecessor, there being no descendant of a posterior generation—it being the office of the son and heir to perform ancestral worship regularly at the father's tomb

PRINCE CHUN, SEVENTH SON OF THE EMPEROR TAOU-KWANG

He is the father of the present Emperor of China. Four attendants carry his pipe, sword books and teacup

THE   CRISIS   IN   CHINA: TWO   INTERESTING   PICTURES

強悍的日本軍隊

一九〇〇年七月二十八日，英國《黑白畫報》關於中日甲午戰爭的圖文報導。共有兩張圖片，上圖為日本軍隊在閱兵場；下圖為陸戰隊員在日本戰列艦「敷島」號上。

A JAPANESE REGIMENT ON PARADE

THE REGULARITY OF THE LINES SHOWS HOW GOOD IS THE DISCIPLINE OF THE JAPANESE ARMY

When Hong Kong was ceded by China to Great Britain in 1841, the island was a barren rock on which a few pirates and fishermen—pretty nearly synonymous terms in those days—picked up a precarious living. There are now nearly 7,000 Europeans and 200,000 industrious Chinamen, and Hong Kong has risen to the position of one of the most important shipping centres in the world. The city (Victoria) is very picturesque, and reminds one forcibly of the Bay of Naples. It lies nestling at the water's edge, an irregular group of two and three storied buildings, with roofed balconies running round each floor, dazzling white in the sunshine, peeping out from the luxurious foliage which cloaks the heights behind. In front lies the clear vivid blue of the harbour, dotted with almost innumerable craft of every size, shape, and description known to man. The well-to-do Europeans live at the Peak, a highest point 1,875 feet above sea level. The cool breezes during the summer months are a pleasant change from the sweltering heat in the town below. Formerly people were carried up to the Peak by chair-bearers, but are now hauled up by a traction engine.

MARINES ON BOARD THE "SHIKISHIMA," A JAPANESE BATTLESHIP

THEY HAVE BEEN DRILLED AND BROUGHT UP ON BRITISH LINES, AND THEY MAKE EXCELLENT FIGHTERS

基督教在中國

一九○○年七月二十一日，英國《黑白畫報》關於基
督教在中國傳播的圖文報導，標題為：基督教在中
國。圖片共有四張，從左至右，從上至下分別為Shih
Hung Chang肖像；中國地區主教彼得‧斯科特牧師；
三個信教的教師，玉林、陳和韓；聖公會的斯科特夫
人和一些當地教民，戴頭紗的是黃小姐，一位滿族
人。

CHRISTIAN MISSIONS IN CHINA

BY THE REV. MACKWOOD STEVENS, SECRETARY TO THE NORTH CHINA
MISSION

IN dealing with the great Chinese problem it is impossible to ignore the influence for good or evil of Christian missions, and one cannot give any accurate picture of China in its present sad condition without recognising the presence of the religious element. Whilst for all practical purposes we may look upon missionary effort as modern, yet we must not suppose that the attempt to convert China is a new thing. Tavism and Confucianism were both of them reforming missions, originated by natives between 604 and 478 B.C., whilst the anti-Christian Buddhist religion seems to have been as thoroughly an alien religion as ever Christianity has been, promulgated from about A.D. 60 by a ceaseless stream of zealous missionaries from India. Judaism found an entrance into China during the dynasty of Han (B.C. 206—A.D. 264), but now numbers less than four hundred; whilst Mohammedanism, which was introduced in the early part of the eighth century of the Christian era, has developed, less through missionary agency than by the natural increase of the Mohammedan section of the population, to over 30,000,000. Christianity itself was first introduced by the Nestorians in the earliest years of the sixth century, and survived in a most particularly illustrious condition into the fourteenth century, when the Ming dynasty overthrowing the Mongol dynasty, the corrupted form of Nestorian Christianity, and the earliest Roman Catholic missions which, in spite of considerable Nestorian opposition, had made rapid strides, fell almost completely into abeyance. As far as these primitive and mediæval missions enumerated are concerned, it would be very difficult to accurately adjust the "Missionary, Consul and Gunboat" proverb; but when we pass over the hiatus that intervenes between the beginning of the fourteenth and the end of the sixteenth century, we shall see that the terms of the proverb as far as China is concerned need re-adjusting, and whatever view we take of Buddhist, Mohammedan or Christian missions, it is well to be in accord with historical facts and as a reasonable people to be fair

SHIH HUNG CHANG

WHO WAS FOR MANY YEARS THE RIGHT
HAND MAN AT PING-YING

in the apportionment of blame, if it be wise to blame at all. The Portuguese *merchants* arrived in China in 1516, the Dutch about a century later, the Honourable East India Company established a British factory in Canton in 1684, and the Russians arrived early in the next century, whilst Great Britain sent an Ambassador to Pekin in 1793. Far from the missionary preceding the Portuguese merchants, these merchants would not allow the Evangelic St. Francis Xavier to land upon the Chinese shores. Whilst the British authorities, after a settlement of nearly 150 years, had done nothing for the conversion of China, and though

THREE MISSIONARY TEACHERS
YU LIN, CH'EN AND HAN

Dr. Morrison, a member of the London Missionary Society, had been labouring there from 1807 to 1835, any distinctively mission work amongst the natives was promptly suppressed, and nothing could be done beyond the using of such private influence as might come within the range of the life of a Civil servant. In 1834 the American Church commenced work in China, but not until two years after the Treaty of Nankin in 1842 did the Church of England find an opportunity of commencing the work which has by this time grown to such fair proportions. In 1842 the Colony of Hong Kong was ceded to England, and the five original treaty ports were opened, and from 1844 the C.M.S. has been carrying on a steady, quiet, consistent work, numbering now amongst its adherents more than 10,000 baptised Chinese. As late as 1863 the British Legation in Pekin deemed it "impolitic" that "Protestant missionaries" should settle at Pekin, and Mr. Burden, a C.M.S. missionary, who had arrived in 1862, had been able to little else than act as English instructor; the C.M.S. retired from Pekin, and the S.P.G. began work there in 1863, but that in time was suspended in 1864. Whilst the Church of England Mission work was progressing in South and Mid-China little was done for Pekin and North China, until in the year 1872 a member of St. Peter's congregation, Eaton Square, offered £500 a year for five years, and in 1874 the Rev. Charles Perry Scott, whose portrait is here, with the Rev. Miles Greenwood, commenced

RT. REV. C. PERRY SCOTT
BISHOP OF CHINA

work in Chefoo. The work done by them is simply illustrative of the work done by Christian missionaries of other communions, and we have little reason to believe that, but in exceptional cases, the work has ever been carried on by any of them in any way other than could be approved of by the most cautious of statesmen. Messrs. Scott and Greenwood began with the European community in Chefoo, devoting their energies for the first two or three years to the study of the language. The famine of 1878-9 gave them great opportunities in the distribution of the famine relief, and when in 1880 Mr. Scott was consecrated Bishop for North China the spread of the work commenced. Great care is taken to proceed from step to step with every possible regard for the susceptibilities and the natural rights of the Chinese. The strictest guard is taken against admitting even as hearers any who would try to make their connection with the Christians an undue influence in political, legal, or social affairs. The acquisition of property is conducted in strictest conformity to Chinese law and custom, and every step is taken subject to treaty rights obtained, not by the missionaries, but by the Legations and Foreign Ministers, who have made the treaties on grounds of international diplomacy, and for the advantage of nations and not of missionaries. In deciding, when the reckoning day shall come, as to what blame attaches to any section of the European communities, we believe that, in the main, the Blue Books that shall be published will prove that, far from being an incitement to riot, Christian

MRS. SCOTT, DEACONESS RANSOME, AND SOME OF THE NATIVE WOMEN

THE LADY WITH THE HEAD-DRESS IS MISS HUNG, A MANCHU

第一次
關於北京義和團的報導

一九〇〇年七月二十八日，英國《黑白畫報》關於庚子事變的圖文報導，標題為：**第一次關於北京義和團的報導**。五月二十二日，大量教民湧進英國使館躲避義和團，這天北京下起大暴雨。在北京的使館被圍困後，一度和歐洲斷絕了聯繫，在報紙刊登了這幅來自某位躲避在使館的人員作品後，寫道「我們相信他還活著」。

BLACK & WHITE.

No 495 —Vol XX   [Registered at the G.P.O. as a Newspaper]   SATURDAY, JULY 28, 1900   [PRICE SIXPENCE By Post 6½D

FIRST REPORT OF BOXERS AT PEKIN

ON MAY 28, A NUMBER OF CHRISTIAN CONVERTS FLOCKED INTO THE BRITISH LEGATION FOR PROTECTION AGAINST THE BOXERS. A HEAVY
THUNDERSTORM WAS RAGING, AND THE STUDENTS, WHO WERE ON GUARD, HAD AN EXCITING TIME

Drawn from a sketch by a member of the Legation, who we sincerely trust is still alive

THE BOMBARDMENT OF THE TAKU FORTS

THE CHINESE OPENED FIRE UNEXPECTEDLY, BUT THE FLEETS OF THE FOREIGN FORCES

DRAWN BY BERNARD F

BERNARD F. GRIBBLE

THE COMBINED FLEETS ON THE 18th OF JUNE

MUCH ALIVE TO BE CAUGHT NAPPING, AND SPEEDILY SILENCED THEIR TREACHEROUS OPPONENTS

FROM SKETCHES SUPPLIED

聯軍艦隊砲擊大沽砲臺 (206頁圖)

一九○○年七月二十八日，英國《黑白畫報》關於庚子事變的圖文報導，標題為：**聯軍艦隊六月十八日砲擊大沽砲臺**。中國軍隊在沒有任何徵兆的情況下向艦隊開火，聯軍艦隊倚仗速度和靈活性避開砲彈，立刻予以還擊。

德國援軍駛往中國

一九○○年八月四日，法國《畫報》關於庚子事變的圖文報導，標題為：**遠征中國**，「**普魯士號」載著增援士兵從德國出發前往中國**。在中國爆發的針對外國人的義和團運動震驚歐美，特別是德國公使克林德被殺後，德國皇帝公開說要進行「報復」，大批增援部隊乘船前往中國。這幅圖片即「普魯士號」載著士兵離港時的情景。

L'EXPÉDITION DE CHINE. — Départ de Gênes du « Preussen » portant les troupes allemandes. — Phot. E. Rossi.

德國皇帝高喊報復

一九〇〇年八月十一日，英國《黑白畫報》關於庚子
事變的圖文報導，標題為：不要戰俘也不要寬恕。德
皇這次著名的演講激勵士兵分割中國。圖片共兩張，
上圖為正在講話的德皇。

"NO PRISONERS AND NO QUARTER!"

THE GERMAN EMPEROR MAKING HIS ROUSING AND NOW FAMOUS SPEECH TO HIS TROOPS ABOUT TO DEPART FOR CHINA

HOME FROM THE WAR

A GROUP OF INTERESTING PERSONS RETURNING FROM SOUTH AFRICA. TOP ROW: (1) SIR BRYAN-LEIGHTON (2) C. BEDDINGTON (3) F. R. BURN-HAM, THE AMERICAN SCOUT (4) LT.-COL. GORDON FORBES, C.B. (5) ABE BAILEY (6) LORD GEORGE STEWART MURRAY (7) REV. W. H. WEEKS, CHAPLAIN OF MAFEKING (8) LORD BROOKE   SECOND ROW: (1) MAJOR HON. R. WHITE (2) ——— (3) LT.-GEN. SIR H. COLVILE (4) J. E. LAYCOCK (5) WINSTON CHURCHILL (6) LORD CHARLES CAVENDISH BENTINCK   THIRD ROW: (1) F. WHITLEY, MAYOR OF MAFEKING (2) MAJOR HON. M. R. GIFFORD, C.M.G

Photo by Jno. Bowers, 63, Perrymead Street, Fulham, S.W.

北京外僑足球俱樂部

一九〇〇年八月十八日，英國《黑白畫報》關於外國人在華開展業餘活動的圖文報導，標題為：北京的足球俱樂部合影和橄欖球俱樂部合影。這兩張圖可能是在華外國人足球俱樂部和橄欖球俱樂部最早的合影。

PEKIN ASSOCIATION FOOTBALL CLUB

The names of the members supposed to be in Pekin, read from left to right:—Back row—1. W. M. Hewlett   2. L. G. Graham   3. J. T. Pratt   4. ——   5. G. P. Peachey (wounded)
6. ——   7. J. G. Hancock   8. C. W. Pearson   9. R. T. Tebbitt   Front row—1. ——   2. ——   3. H. Phillips

PEKIN RUGBY FOOTBALL CLUB

The names of the members supposed to be in Pekin, read from left to right:—Back row—1. ——   2. J. G. Hancock   3. ——   4. W. P. Russell   5. G. P. Peachey (wounded)
6. C. W. Pearson   7. H. H. Bristow   8. ——   9. R. T. Tebbitt   10. W. M. Hewlett   Second row—1. ——   2. J. T. Pratt   Front row—1. C. A. Rose   2. H. Phillips   3. L. G. Graham

聯軍統帥瓦德西

一九○○年八月十八日，英國《黑白畫報》關於庚子
事變的圖文報導，標題為：**陸軍元帥瓦德西伯爵**。八
國聯軍由瓦德西指揮調度，這次事件使得瓦德西在中
國近代史上留名。這張圖片是瓦德西清晰的肖像照，
十分少見。

LAST autumn two generals in Europe towered in reputation far above the heads of all other commanders. Those two were Count von Haeseler and Count Waldersee, both of the German army. To-day, in the opinion of the world, they have had to yield their proud position to a British general. But—high as has always been the opinion of Lord Roberts held by the military authorities of the world—none, until the present campaign revealed " Bobs" true worth, would have hesitated to place Haeseler and Waldersee on a plane by themselves, and there have not been wanting those who class him as not inferior to Moltke himself. His reputation has been founded on solid performance on the field during these great

whom in moral character he very much resembles. At an earlier period of his life, his religious fervour very nearly led him into trouble, as it took the form of a bitter Anti-Semitism, which was eagerly fostered by his wife, one of the remarkable women of Europe.

The daughter of a Mr. R. Lea, the present Countess married first the septuagenarian Prince Frederick of Schleswig-Holstein, better known as Prince Von Noer. A few months later he died leaving her £80,000, and two years later she married Count Waldersee. From the outset she established herself practically as the leader of the Anti-Semites, and her drawing-room became their headquarters. Through her position as grand-aunt of the

FIELD-MARSHAL-GENERAL COUNT WALDERSEE

THE NEW COMMANDER-IN-CHIEF OF THE ALLIED FORCES IN CHINA. IT WILL BE NOTICED THAT HE WEARS THE IRON CROSS ON THE LEFT BREAST, A VERY RARE HONOUR, SIGNIFYING THAT HE IS A MEMBER OF THE ORDER OF THE FIRST CLASS. HE IS RANKED BY SOME AS EQUAL TO MOLTKE HIMSELF

years of war when his country suddenly arose like an awakened giant, and proved herself to be the military nation of the world. Yet, curiously enough, all through those campaigns which maimed and crippled most of the great leaders of Germany, he was never wounded. The battles before Metz proved inocuous to him; Sedan left him unhurt; and the siege of Paris was powerless to injure him. This extraordinary immunity from harm on the battlefield he puts down, with a strange fanaticism that is a keynote to his character, to a special dispensation of Providence. He is intensely, almost morbidly religious, with an old-world Protestant faith, and in this respect is often compared to General Gordon,

present Empress she wielded a most powerful influence, not over her alone but through her over the Kaiser himself, an influence which his admiration for the old general greatly intensified.

The new Commander-in-Chief of the Allied Forces in China is a man of sterling integrity and honesty of purpose. He is about sixty-eight years of age, very pallid and apparently fatigued, but hard and wiry, and capable of enduring an amount of fatigue that would render younger men helpless. Of his ability as a commander, equally with his genius as a tactician, there can be no doubt, and he has the masterly reserved manner which—being a sure sign of strength—always commands the respect of an army.

衰老的李鴻章

一九〇〇年九月一日,英國《黑白畫報》關於庚子事變的圖文報導,標題為:**李鴻章最近的一張肖像**。「他的所作所為獲得歐洲政府的認同。這是他在北上前拍攝的最後一張照片。正如照片所顯示的,他看上去很老而且衰弱。」

LATEST PORTRAIT OF LI HUNG CHANG

WHO IS VAINLY ENDEAVOURING TO GET HIMSELF RECOGNISED BY THE GOVERNMENTS OF EUROPE. TAKEN A FEW DAYS BEFORE HE LEFT FOR THE NORTH. AS OUR PHOTOGRAPH SHOWS, HE LOOKS VERY OLD AND DECREPIT

LI HUNG CHANG is ageing rapidly, and the change in his appearance even since he visited this country three years ago is most marked. He is a man who, ever since his disgraceful conduct in murdering the prisoners who surrendered to General—or, as he then was, Major—Gordon in 1862 has been looked upon with great suspicion in this country. But there can be no doubt that, whatever his conduct from the point of view of other nations, so far as his own country is concerned he is and always has been its Bismarck, whose whole life is devoted to its advance and aggrandisement.

北京的外交圈和
克林德的遺影

一九〇〇年九月一日，英國《黑白畫報》關於庚子事
變的圖文報導。上圖為第三俾路支團離開查曼前往中
國；下圖為部分北京外交官的合影，從左至右分別是
赫德・馬斯（赫德爵士的侄子）、不知名外交官、義
大利公使拉吉侯爵、俄國公使格爾斯、比利時公使卡
蒂斯、德國公使克林德、不知名外交官。

3RD BALUCHIAS LEAVING CHAMAN FOR CHINA
Photo by P. Ryan

satisfied with us and the whole force crossed over and occupied the arsenal. At 3.45 a.m. next morning the enemy came into the place D, poured a heavy fire into us, and we had to retake the face D. The marines had been drilled the last thing before turning in, to their alarm posts, so that they turned out at once. Captain Beyts was sent with his company between the real arsenal building and the Chinese barracks and Doig (captain) round the other side, and the other company was in reserve. Beyts got stopped by a fence close to face D, and got ahead of his company with four men, got cut off and killed, all five. Doig got round and caught his murderers and prevented much mutilation. They only had time to slash them across the face and neck. Beyts, I am glad to say, was killed first by a bullet under the eye. The others fell into the enemy's hands alive.

Reading from left to right : 1. Mr. F Hart Maze (Sir Robert Hart's nephew) 2. —— 3. Marquis Salvago Raggi (Italian Minister, wounded Siege of Pekin) 4. M. de Giers (Russian Minister) 5. Baron de Cartees (Belgian Minister) 6. Late Baron von Ketteler (German Minister, murdered) 7. ——

A GROUP OF SPORTSMEN AND DIPLOMATS AT PEKIN

庫頁島最後的中國總督

一九〇〇年十一月十七日，英國《黑白畫報》關於俄國在義和團運動中的圖文報導，標題為：**瑷琿的最後一任總督／庫頁島的中國村莊**。義和團運動爆發後，俄國趁機入侵中國，占領了北方大部分領土。畫報用兩篇文章和圖片介紹了瑷琿的最後一任總督和被俄軍破壞的庫頁島中國村莊。圖片共三張，從上至下分別為庫頁島的中國人村莊；瑷琿的最後一任總督（未具名）；中國人在庫頁島被燒燬的村莊。

THE LAST GOVERNOR OF AIGUN
BY ANNETTE M. B. MEAKIN

Whilst turning over some photographs in a shop at Blagovestchensk, I came across one of the Governor of Aigun.

"That button on his hat is a sign of his rank," said the man. He did not himself think the picture of any interest, and was surprised when I said I would buy it.

How little either of us dreamed that Aigun would be burned to the ground before three weeks were over! But so it was.

That evening the daughter of General Griebsky gave me an interesting account of a visit she and her father had paid to Aigun.

"They entertained us with wonderful Chinese dishes," she said, "and put chop-sticks before us instead of knives and forks. Of course, I could not eat anything, much as I should have liked to please our host by doing so. Just think, one dish was composed of worms! quite ordinary ones, but very tastefully arranged."

A little later, while we were at dinner, a gentleman who had just arrived from St. Petersburg began chaffing the ladies present on their admiration for the Chinese officials. He put up his hand, and made a sign of cutting off his head.

"I don't understand Russian," I said. "Pray, what is all this fun about?"

"There is a very handsome Chinaman," said Prince D——, turning to

THE LAST GOVERNOR OF AIGUN

me, and speaking French, "who often comes to see General Griebsky on political business, and the ladies here admire him so much that I think it high time his head was off."

The next morning, when Prince D—— called on us at our hotel, he told me that before retiring to rest on the previous night he had received a document, drawn up with all formality, and signed by General Griebsky's own hand, to the effect that not a single Chinese head was to be cut off.

"I was not going to be 'done' by the ladies in this manner," he said. "I sent one of my sailors to a barber's shop for a Chinese pigtail—the longest he could find. When it came I did it up in a parcel and sent a servant with it to Mme. Griebsky. 'Put it into the lady's hand yourself,' I said, 'but do not betray the sender.'"

We all laughed heartily at the joke, and wondered what the sequel would be.

In the afternoon Mme. Griebsky came down to the steamer to see us off.

"O!" she said, "I had such a fright this morning. A parcel was put into my hands by a man I had never seen before, without a word of explanation. I found no writing upon it, and felt sure it contained some explosive, and had been sent to me by the Boxers!"

"Did you open it?" we asked eagerly.

"You don't seem to appreciate your present," I said. "Give it to me for my museum in London."

CHINESE VILLAGE OF SAKHALIN
ON THE AMUR AFTER IT HAD BEEN BURNT BY THE RUSSIANS

"No, indeed! I shall keep it for ever," was the lady's reply.

   *   *   *   *   *   *

I have often wondered since whether that handsome Chinaman escaped with his life.

We saw him once at the hotel. He sat at a small table in the dining-room drinking beer with some Russian officers. Every time they drank they shook hands and bowed.

As we were steaming down the Amur I took the photograph and wrote on the back: "Governor of Aigun, Chinese town on the Amur."

To-day there is no Aigun—and no Governor.

THE CHINESE VILLAGE OF SAKHALIN

Sakhalin was the first Manchurian village on which the ire of Russia fell. It stood on the banks of the Amur exactly facing Blagovestchensk, and the Manchus used to come across the river in their little junks and sell the produce of their gardens to lazy Russians, who would not take the trouble to grow things for themselves. Each man carried his wares in swinging baskets, which hung from a pole, balanced across his shoulders.

Nothing remains of Sakhalin to-day but a heap of charred ruins and one or two half-burned dwellings. An engineer who visited the spot with a party of Russian officers in August last took the accompanying photographs of the sorrowful scene. As I look at them I find it hard to believe that that is all that is now to be seen of the peaceful and thriving village I gazed at and planned to visit only a few weeks before.

The innocent have had to suffer with the guilty. The unhappy Manchus had quite as much horror of the Boxers as we have. They would never have lifted up a finger to do anyone harm. The Russians appreciate their love of peace and their thrifty ways.

In the month of September I travelled for some days in the company of a colonel and his wife, who were bound for Manchuria, and the lady said to me:

"You must not believe the stories they are spreading about Russian cruelty to the Manchus. There are bad characters in every country, and some cruel acts may be reported from every land, but a Russian who deserves the name would as soon hurt his own cow as do any harm to one of those poor Manchus, they are just like domestic animals."

Has not many a false tale of English cruelty to the Boers been circulated and believed in Russia? I have met people who spoke of *our* cruelty with bated breath. Surely we should take warning and not be too ready to believe all we hear.

The Russian Government does not allow the present fighting in Manchuria to be called war. No war has been declared, they say, therefore this is not war. So far is this carried out that those soldiers who have received medals are forbidden to say that they received them for bravery in war. When asked they reply that they received them "for bravery in such-and-such an engagement" or "in the Chinese disturbances."

ANNETTE M. B. MEAKIN.

CHINESE VILLAGE OF SAKHALIN
AFTER IT HAD BEEN BURNT. RUSSIAN OFFICERS EXAMINING THE RUINS

英國使館內的葬禮

一九○○年十二月一日,英國《黑白畫報》關於英國
使館內葬禮的圖文報導。圖片共兩張,上圖為北京被
解救之後英國使館內舉行的一次葬禮;下圖為在葬禮
上鳴槍。

A FUNERAL IN THE BRITISH LEGATION
(X) SIR CLAUDE MACDONALD

A FUNERAL IN THE BRITISH LEGATION: FIRING A VOLLEY

AFTER THE RELIEF OF PEKIN

Photos by C. Pilkington, Our Special Correspondent

RENTRÉE DE LA COUR CHINOISE A PÉKING. — La chaise de l'impéra

airière, précédée du parasol jaune. — D'après une photographie de M. F. Pila. — Voir l'art., p. 184.

兩宮回鑾 <small>(224頁圖)</small>

一九〇二年三月十五日，法國《畫報》關於兩宮回鑾的圖文報導，標題為：**兩宮回鑾，黃色華蓋後面的轎子裡就是太后**。一九〇二年一月八日，結束「西狩」的兩宮抵達馬家堡車站，由袁世凱的軍隊護衛，乘轎返回紫禁城。這張畫即儀仗穿過正陽門時的情景。正陽門箭樓因失火燒燬而以彩牌樓代替。

上海排外風潮

一九〇六年二月三日，法國《畫報》關於上海排外風潮的圖文報導，標題為：**上海的排外風潮**。一九〇五年，在上海爆發了反對美國排斥和虐待華工、要求廢止中美華工條約的運動。一九〇四年十二月，美國要求清政府續簽《中美會訂限制來美華工保護寓美華人條款》引發華僑不滿，成為這次運動的導火線。這一事件並未很快平息，直到一九〇五年十二月八日，上海還發生了針對外國人的暴力事件。圖片共六張，從左至右，從上至下分別為英國副領事 Pitzipios 在上海被燒燬的汽車；被搗毀的大都會酒店；被搗毀的警察局外景和內景；巡邏的外國志願者；南京路上的騷亂。

L'automobile de M. Pitzipios, vice-consul d'Angleterre à Chang-Haï, incendiée par des émeutiers chinois (18 décembre, 9 heures du matin).

La salle de billard de l'hôtel Métropole après le pillage (18 décembre, 9 h. 15 du matin).

Vues extérieure et intérieure du poste de police de Louza Road après le pillage et la libération des prisonniers (18 décembre, 9 h. 30 du matin).

L'AGITATION XÉNOPHOBE A CHANG-HAI

Les volontaires internationaux à la poursuite des émeutiers : le cadavre d'un de ceux-ci gît sur le trottoir (18 décembre, 10 heures du matin).

Les journaux se sont faits l'écho des scènes de pillage qui, le 18 décembre dernier, désolèrent la ville de Chang-Haï. L'impopularité du tribunal mixte, les griefs des Chinois contre l'assesseur britannique à cette cour de justice, M. Troyman, furent les prétextes ostensibles de ces troubles. Mais la cause réelle de l'émeute doit être recherchée dans l'agitation xénophobe qui progressait sourdement à Chang-Haï et que venait d'encourager le boycottage des marchandises américaines.

L'insurrection débuta par une grève générale des ouvriers chinois. Puis, des proclamations, promenées dans la ville, invitèrent la population indigène à massacrer les Européens. Ces provocations produisirent leurs fruits. Des bandes d'émeutiers parcoururent les différents quartiers, assié-geant l'hôtel de ville, pillant les maisons des résidents étrangers et notamment l'hôtel Métropole. Deux postes de police furent mis à sac. Les marchands de Hongkew Market furent entièrement dévalisés. Le consul allemand reçut une grêle de pierres et le vice-consul anglais, M. Pitzipios, dut, pour avoir la vie sauve, abandonner son automobile qui fut aussitôt incendiée.

Par leur énergie, les résidents étrangers évitèrent le massacre. Tous les hommes valides, réunis en une milice de volontaires et soutenus par les marins des navires anglais *Bonaventure* et *Astrea*, donnèrent la chasse aux agitateurs, dont une vingtaine furent tués. Quelques jours après, l'ordre était entièrement rétabli.

Néanmoins, encore à l'heure actuelle, la population internationale de Chang-Haï n'est pas entièrement rassurée, car elle voit dans les troubles récents les signes précurseurs d'une levée en masse de l'élément indigène contre les étrangers.

LES TROUBLES DE CHANG-HAI. — Les émeutiers indigènes fuyant devant les volontaires internationaux dans Nanking Road (18 décembre, 10 h. 30 du matin).

Photographies communiquées par M. Robert Desallais.

日本外交官「鼠公使」

一九〇六年三月三日，法國《畫報》關於小村壽太郎抵京的圖文報導。小村壽太郎（1855-1911），日本外交官，綽號「鼠公使」，因其矮小瘦弱，且為人狡詐，善於盜取情報而得此名，直接參與中日甲午戰爭和《辛丑和約》簽訂，曾主導日英同盟和日俄戰爭。一九〇五年十二月在中國脅迫清政府簽訂《中日會議東三省事宜條約》，是為《樸茨茅斯條約》的補充。這幾張照片即其為簽署該條約抵達北京時的情景。圖片共四張，從左至右，從上至下分別為北京的六國飯店；迎接小村壽太郎的衛隊；小村乘馬車離開；肅親王。

Le confort moderne à Péking :
l'Hôtel de la Compagnie des Wagons-Lits.

[Arrivée du baron Komura à Péking : un détachement de la nouvelle armée chinoise rend les honneurs.

un bloc susceptible de servir, le moment venu, ses desseins personnels, d'assurer sa sécurité ou de seconder ses ambitions ; de le placer, en un mot, sous son hégémonie.

Il s'agissait, tout d'abord, de régler le sort de la Mandchourie, rendue, par le traité de Portsmouth, à la Chine, mais dont le Japon, plus ou moins ouvertement, prétendait bien faire un prolongement, une annexe de cette Corée sur laquelle il a si brutalement mis sa griffe.

Une conférence, là aussi, fut dé-

La voiture du baron Komura se rendant à la conférence.

cidée. Elle s'est tenue à Péking, du 12 novembre au 22 décembre.

Le baron Komura et M. Uchida, ministre à Péking, y représentaient le Japon. Les intérêts de la Chine étaient confiés au prince Ching, à LL. EE. Yuan-shi-Kaï, vice-roi du Petchili, et Na-Toung, ministre des Affaires étrangères.

Les plénipotentiaires japonais furent reçus avec la plus parfaite urba-

Une bonne physionomie de Chinois:
le prince Sou.

nité, — presque de l'enthousiasme, un enthousiasme au moins apparent. Dès la gare, les Japonais, étriqués dans leurs costumes à l'européenne, dépaysés, insolites, au milieu des belles robes de soie, des manteaux de pelleteries rares des Chinois, étaient accueillis à bras ouverts. Et l'on échangeait de ces énigmatiques sourires jaunes, « moitié raisin, moitié figue », eût dit le bonhomme La Fontaine, dont on ne sait jamais bien au juste que penser.

Le baron Komura jouit, comme de raison, des honneurs militaires ; il eut en permanence son escorte, mi-japonaise, mi-chinoise ; il fut logé au Grand Hôtel des Wagons-Lits ; en son honneur, les légations européennes, les grands mandarins, prodiguèrent les raouts, les dîners, les réceptions cérémonieuses ; l'empereur, l'impératrice douairière lui donnèrent audience et ne lui ménagèrent pas les marques de faveur.

Mais les négociations tout comme

à Algésiras, traînèrent un peu. Les Chinois se défiaient, se défendaient. Le bruit courut à propos que, pour aider à un prompt dénouement, Tokio allait envoyer à la rescousse le marquis Ito. La Chine a vu, par l'exemple de la Corée, que le terrible homme n'y va pas de main morte.

Le gouvernement de Péking se rendit à un pareil argument. Il aurait, dit-on, cédé sur tous les points, et le Japon aurait obtenu tout ce qu'il demandait : contrôle du Transmandchourien ; concession d'une ligne ferrée de Moukden à Antoung ; cession à bail du Liao-Toung ; ouverture, au commerce étranger, de seize villes de la Mandchourie, y compris Kharbin.

Reste à savoir si le traité d'alliance que souhaitaient les Nippons a été effectivement signé, — malgré les méfiances de la Chine. Et c'est là une éventualité au moins aussi inquiétante, pour la vieille Europe, que les questions qui actuellement la passionnent.

LA CHASSE AU RENARD
A BIARRITZ
Voir nos gravures, pages 132 et 133.

La chasse au renard est le sport classique, traditionnel par excellence. Il est à la fois élégant par l'appareil dont il s'entoure, rude par les qualités qu'il exige. Il satisfait en même temps le désir de paraître, d'éclipser, inhérent à la nature humaine, et le besoin généreux d'exercer sa force contre des obstacles. Comme tel, il reste l'apanage d'une classe généralement désintéressée des affaires publiques et soucieuse de se développer, à l'écart, selon les caprices autorisés par la fortune et le loisir.

Jusqu'à ces dernières années, l'équipage de Pau, presque centenaire et illustré par tant de célébrités sportives, était le seul, dans le Sud-Ouest, capable de grouper les sportsmen riches. Il reste un modèle inimitable de luxe et de tenue. Pourtant il a maintenant un émule : l'équipage de Biarritz.

A vrai dire, Biarritz ne songe pas à imiter la correction un peu froide, anglo-saxonne, qui préside aux manifestations sportives du Pau-Hunt. Tout en respectant les traditions qui ont assuré au travers des siècles la survivance du vieux sport aristocratique, on se permet, à Biarritz, de les assouplir. On s'attache moins à l'étiquette elle-même qu'aux sentiments réels dont elle ne doit être que la parure obligée, on cherche à percevoir le caractère sous l'attitude, on tient l'urbanité pour ce qu'elle est, c'est-à-dire un moyen de faciliter les relations sociales et non une barrière destinée à écarter les sympathies qui se cherchent.

Cet état d'esprit, favorable aux élus et aux appelés, est dû en grande partie à l'allure éminemment française du maître d'équipage, le comte Louis de Gontaut-Biron. Il exerce ses fonctions avec tact, compétence et entrain. Il les considère comme dignes d'absorber son activité totale, et, sous son impulsion, les chasses ne sont pas seulement des parades mondaines ou de sévères randonnées, elles sont encore des parties de plaisir où l'on ne dédaigne point de causer ni de rire.

Au lieu de se tenir en pleine campagne ou dans des villages sans ressources dont l'éloignement écarte les plus fanatiques « suiveurs », les rendez-vous se donnent généralement dans les

苦力的一餐

一九〇七年三月十一日，法國《畫報》關於中國貧民生活的圖文報導，標題為：**中國的客棧，苦力的一餐**。清末的中國，在照片中這個底層的小客棧，儘管這些工作了一天的苦力們能吃上一頓飽飯，但是他們的生活水準也僅此而已，他們仍然是破衣爛衫，沒有鞋穿，甚至蹲在桌子上吃飯。人的尊嚴的缺乏是幾年後革命爆發的積累。

DANS LES AUBERGES CHINOISES. — Le repas des coolies.

Photographie Gervais-Courtellemont.

En Chine, l'usage du pain est inconnu et la base de l'alimentation pour les quatre cents millions d'habitants du Céleste-Empire est le riz.

Cuit à la vapeur, après avoir été abondamment lavé à l'eau froide, il constitue une nourriture saine, extrêmement digestive et légèrement rafraîchissante. Au contraire, notre manière de le cuire, sans l'avoir au préalable débarrassé par le lavage des amidons et farines solubles à l'eau froide qui le recouvrent, en fait une sorte de bouillie dont les propriétés sont toutes différentes. Cuits à la chinoise, les grains restent séparés, ne se collent pas les uns aux autres.

Les coolies chinois font généralement trois repas par jour : un au lever, un à midi et le dernier au soleil couchant. Ils vont puiser, avec leurs bols, dans le grand baquet de bois placé au-dessus d'une marmite d'eau bouillante dans lequel le riz a cuit à la vapeur et où il se tient chaud. De ce bol, dans leur bouche disgracieusement — on pourrait dire bestialement — ouverte, ils font glisser le riz avec les baguettes qui leur servent aussi à prendre dans les écuelles où ils leur sont servis les légumes et les petits quartiers de viande ou de poisson nageant dans des sauces généralement fort pimentées.

Dans les auberges chinoises, le prix de 90 sapèques (environ 22 centimes) que l'on paye par jour comprend le gîte et le riz à discrétion pour les trois repas.

直隸總督的宴會

一九〇八年十二月五日，英國《倫敦新聞畫報》關於
清末一次宴會的圖文報導，標題為：**直隸總督在他天
津的衙門舉辦一場官方的招待會**。為慶祝慈禧太后的
生日，直隸總督舉辦了這次招待會，邀請了駐津的各
國武官，畫中是他正在和英國將軍握手。十幾天之
後，慈禧去世。此畫刊繪圖形容的是那一個月前的
事。

AN OFFICIAL RECEPTION IN CHINA: VARIETIES AND DIPLOMACY.

DRAWN BY H. W. KOEKKOEK FROM A SKETCH BY A CORRESPONDENT.

THE VICEROY OF CHEH-LI HOLDING AN OFFICIAL RECEPTION IN THE COURT OF HIS YAMEN AT TIENTSIN.

The Chinese idea of an official reception seems to the Western mind a little curious. In the instance illustrated, which shows an official reception by the Viceroy of Cheh-Li in the large covered court of his Yamen, gymnasts, jugglers, conjurers, and native actors, aided by a Chinese band, provided a variety-entertainment for the invited guests, amongst whom were representatives of England, Russia, France, Germany, Japan, Austria, and India, the latter being represented by a dozen red-coated native officers. In a smaller court, a more "civilised" band rendered familiar airs, and in the Audience Halls were long tables bearing a generous champagne supper. The reception was held in honour of the birthday of the late Dowager Empress of China a few days before her death. Our Illustration shows the Viceroy receiving the British General.

B

光緒和慈禧相繼過世

一九〇八年，法國《世界畫報》關於光緒和慈禧去世的圖文報導，標題為：**中國的皇帝和皇太后去世**。一九〇八年十一月，光緒皇帝和慈禧太后相繼去世，這張法國畫報對這件事情進行了報導。圖片共有三張，左上為慈禧坐像；右上為王宮大臣等拜祭西陵；下圖為會議廳。

La Mort de l'Empereur et de l'Impératrice de Chine

L'Empereur   Le Prince Tchoun, le nouveau Régent
La famille impériale photographiée lors d'une visite aux tombeaux

L'Impératrice douairière de Chine

LA SALLE DU CONSEIL

L'empereur de Chine vient de mourir bientôt suivi dans le trépas par l'impératrice douairière Tsé-Hi. La nouvelle de la mort du Fils du Ciel est arrivée à Paris samedi dernier, celle de la mort de l'impératrice lundi.

Le prince Tsaï-Tien, qui régna sous le nom d'empereur Kouang-Siu, succéda à l'empereur I-Tchong ; le fils de celui-ci, Toung-Tchich, avait bien régné quelque temps, mais seulement sous la régence de Tsé-Hi, et était mort enfant. Lorsque Kouang-Siu prit la couronne, en 1881, il avait lui-même 9 ans et l'impératrice continua d'être régente jusqu'en 1889, époque à laquelle l'empereur fut reconnu majeur.

La majorité de Kouang-Siu ne changea que nominalement le rôle de l'impératrice, de régente elle devint douairière, mais ce fut toujours elle qui dirigea l'État. Dans son désir de maintenir son autorité, elle avait fait en sorte qu'au point de vue matériel l'empereur ne fut qu'un fantoche, qu'une ombre; ceux qui avaient été chargés de son éducation avaient reçu à ce sujet les ordres les plus sévères, aussi, dès l'enfance, avaient-ils accoutumé Kouang-Siu à fumer l'opium et lui avaient-ils donné le goût de maints vices déprimants. Il en résulta que devenu homme il était incapable de toute volonté. Neurasthénique, tuberculeux, il ne pouvait espérer aucune descendance. Son règne ne fut donc qu'une longue tutelle où la passion autoritaire de Tse-Hi put se donner libre cours.

Il eut pourtant un sursaut de vie, en juin 1898, et parvint à régner pendant trois mois.

L'empereur et l'impératrice devaient être morts quand le choix du successeur fut fait : ce sont probablement les grands seigneurs du palais qui en ont décidé eux-mêmes. Ils ont choisi un enfant de deux ans, le prince Pou-Yi, auquel ils ont donné pour régent son père, le prince Tchoun, frère cadet de Kouang-Siu.

J.-V. Sers.